Cupidon au travail

LOÏCK ROCHE

Cupidon au travail

Chaque homme et chaque femme, en fonction de son ancienneté et du nombre de personnes que compte son environnement professionnel, va développer un nombre précis de relations intimes sur son lieu de travail...

**Éditions
d'Organisation**

Éditions d'Organisation
Groupe Eyrolles
61, bd Saint-Germain
75240 Paris cedex 05

www.editions-organisation.com
www.editions-eyrolles.com

© Groupe Eyrolles

ISBN : 2-7081-3698-4

Sommaire

Introduction

L'amour au travail

Si tous les hommes et toutes les femmes n'éprouvent pas nécessairement l'amour du travail, tous connaissent — même s'ils ne l'ont pas toujours expérimenté — des hommes et des femmes qui eux ont vécu un jour ou vivent aujourd'hui l'amour au travail…

En tant que dirigeant et consultant en entreprise, j'en avais vu des choses, et même de toutes les couleurs !

Tout d'abord, et ce sont ces choses dont je me souviens le mieux, de très belles. Je pense tout particulièrement à ces salariés qui, devant les difficultés rencontrées par l'entreprise et l'évidence de la fermeture à laquelle ils semblaient condamnés, se sont pris en main et, après des mois d'une bataille juridique difficile et une mobilisation jamais démentie, ont fini par racheter l'entreprise. Aujourd'hui, ils en sont les propriétaires et cela marche plutôt bien. Je pense à ces chefs d'entreprise qui, chaque jour, comme la très grande majorité des hommes et des femmes qui travaillent à leur côté, donnent sans compter, jusqu'à, parfois, tout sacrifier. Je pense aussi à ces chaînes de solidarité quotidiennes formidables que l'on peut voir dans la plupart des organisations où, lorsqu'une personne connaît des problèmes sérieux, de santé par exemple, on sait ranger les couteaux, enterrer les querelles, oublier des luttes devenues stériles, et prendre de son temps, qui pour accompagner la personne devant subir des examens à l'hôpital, qui pour se proposer de garder ses enfants... Je pense encore à ces syndicalistes de la CGT, âpres au combat, et à ces dirigeants qui ne lâchaient rien, mais capables de se dire les choses en face et, au-delà des joutes officielles et des négociations *a priori* impossibles, de travailler dans le plus grand secret pour dénouer le cas de salariés qu'un plan social aurait, plus encore que pour d'autres, jeté dans la plus grande précarité.

Tous ces hommes et toutes ces femmes, qui construisent chaque jour nos organisations, avec abnégation, courage et intelligence, je les ai toujours considérés — pour prendre appui sur un joli titre de Jules Romains — comme mes maîtres en « bonne volonté ».

Cependant, et c'est le revers de la médaille, j'ai vu aussi des choses moins belles. Je pense à la mesquinerie, à la petitesse de certains hommes et de certaines femmes prêts à tout, y compris à mentir effrontément, à critiquer sans relâche l'environnement professionnel, voire les collègues avec qui ils travaillent, sans considération aucune pour l'intérêt général. Je pense également à ces quelques hommes et à ces quelques femmes qui, dans l'adversité, ont bénéficié de l'appui indéfectible de collègues ; mais qui, une fois sortis de ces difficultés, font mine de ne plus s'en souvenir et même n'adressent plus la parole à celles et ceux qui hier leur ont tendu la main, et sans qui ils ne seraient peut-être pas là aujourd'hui. Tout autant, je pense à ces personnes qui ne supportent pas la réussite de leurs collègues les plus proches et n'ont de cesse de la banaliser, quand elles ne la nient pas — réussite qui rejaillit pourtant sur l'ensemble de l'entreprise, de la société, de la collectivité ou de l'administration. Or, ces mêmes personnes la supportent très bien et, mieux même, vont jusqu'à la louer lorsqu'elle est le fait de la concurrence. Je pense aussi, et ce n'est pas la moindre des bassesses — mais, parce que j'ai vu tant de choses, consigner mes pensées ici serait presque sans fin, tel un catalogue à la Prévert —, à celle de ces apprentis comploteurs incapables de dire les choses en face ; comploteurs qui utilisent leur temps de travail à conspirer et à ourdir les coups les plus tordus et les plus méprisables pour monter des dossiers et tenter ainsi de décrédibiliser des hommes et des femmes de leur entourage professionnel, dont le seul tort est d'être plus talentueux qu'eux.

Le fait est que j'ai souvent éprouvé de la pitié pour ces hommes et pour ces femmes, sans avoir jamais éprouvé de véritable colère, même si, selon l'expression du langage parlé, « j'ai les noms ». Peut-être parce qu'après avoir semé le vent de la médiocrité, ils ont toujours fini par vivre un destin de feuilles mortes — pour prendre appui sur le joli mot de Maurice Genevoix.

Ces expériences, les plus belles comme les moins belles, sont autant de petits cailloux blancs qui jalonnent vingt ans d'une vie professionnelle bien remplie, tout d'abord au sein même de nombreuses entreprises. Il est vrai qu'ancien élève de l'Essec, je m'étais préparé de longues années à exercer à haut niveau en entreprise. J'avais commencé comme ingénieur conseil puis directeur de projet dans un cabinet parisien avant, très vite, de fonder pour la diriger ma propre structure. Sans doute y serais-je encore aujourd'hui, et tout aussi heureux, certainement, que j'ai pu l'être durant cette période de ma vie, si je n'avais été appelé alors par les dirigeants de l'une des grandes écoles françaises. Mon incroyable mission consistait à faire de la direction de la pédagogie et de la recherche une véritable entreprise de services, afin de répondre au mieux et au plus près à la demande des entreprises, industries, collectivités territoriales et administrations publiques et parapubliques.

Aujourd'hui, devenu directeur adjoint du groupe, je dois dire que le succès est là. Outre que cette école fait désormais partie des plus grandes écoles en France et en Europe, notamment grâce au développement d'un corps pédagogique d'exception et à une équipe administrative le plus souvent brillante ; outre que celle-ci est en passe de devenir un endroit exceptionnel pour y exercer notre métier, il n'est plus désormais un seul domaine de la pédagogie et de la recherche qui n'ait été pensé et réinventé dans la logique d'une entreprise de services. Mieux, et je m'en réjouis, nombre de grandes écoles en France et en Europe essaient d'adapter ce modèle à leurs organisations.

J'ajouterai que je suis l'homme d'un seul parti. Ce parti, c'est celui de l'entreprise, de l'industrie, des collectivités territoriales, ainsi que des administrations, que celles-ci soient publiques ou parapubliques. Plus précisément, je suis et je resterai indéfectiblement du parti des hommes et des femmes — ouvriers, employés, cadres, dirigeants — qui, chaque jour, sans relâche, le plus souvent avec un sérieux et un investissement formidables, sans doute trop rarement mis en avant, fondent et font vivre ces mêmes entreprises, industries, collectivités, et administrations.

Durant ces vingt années, comme je vous le disais, il va de soi que j'ai vu bien des choses... Pourtant, à bien y repenser aujourd'hui, un peu comme la lettre volée d'Edgar Poe, que l'on cherche partout et qui se trouve devant nous, sur le bureau — à vrai dire, on ne voit même que cette lettre —, je dois reconnaître que je n'avais jamais encore vraiment prêté beaucoup d'attention à ce qui est aussi une vérité de nos entreprises et de nos organisations : l'amour au travail.

Eh oui ! Si les hommes et les femmes dépensent une énergie incroyable pour répondre au mieux aux exigences et aux attentes de leurs dirigeants — le plus souvent, là encore il faut le dire, avec beaucoup de succès —, ils dépensent également une énergie tout aussi incroyable à construire des relations extraprofessionnelles et, pour être vraiment précis, des relations extraprofessionnelles à connotations intimes, y compris sexuelles. Et j'ai constaté qu'ils mènent cette « entreprise parallèle » avec beaucoup de succès, comme une grande partie de ce qu'ils font finalement.

Naturellement, je ne me suis pas réveillé un jour en me disant, comme l'inspecteur Bourrel devant son adjoint Dupuy : « *Bon sang, mais c'est bien sûr !* » Non, il m'a fallu de l'aide pour voir ce que je n'avais encore jamais vraiment vu. Cette aide, elle est venue sous la forme d'une question entendue sur le plateau de l'une de ces nouvelles chaînes de la TNT.

Cette question qui ne m'était pas particulièrement adressée était celle-ci : « *De quoi parle-t-on si on ne parle pas de sexualité sur le lieu de travail ?* » Je ne sais plus si j'y ai porté immédiatement une grande attention. J'étais venu là à l'invitation du producteur de l'émission — qui est par ailleurs un ami — pour défendre mon dernier livre paru quelques jours plus tôt, *Chacun est libre de réussir sa vie* (Village mondial, 2004). Pour tout dire, je m'ennuyais un peu dans un débat où, comme il arrive parfois, personne ne semble être très attentif aux autres invités. Non que l'on ne s'intéresse aux idées et ouvrages de ceux-ci mais, à mon exception certaine et peut-être à l'exception d'une invitée dont j'ai paradoxalement oublié le nom, aucune des autres personnes n'avait pu trouver le temps de lire une ligne qui ne fût écrite par elle-même... Je ne sais plus qui a répondu, ni quoi d'ailleurs, à cette question ; à moins plus simplement que cette question, comme tant d'autres, ne soit restée sans réponse. Ce que je sais, c'est qu'elle m'a poursuivi un long moment encore après la fin de l'émission. D'abord dans le taxi qui m'emmenait chez Hugo et Clara, les amis chez qui j'avais promis de me rendre pour voir leur petite fille, dont j'allais être l'heureux parrain, et puis les jours qui ont suivi.

Je crois que c'est l'évidence de la question qui m'a le plus marqué. Non pas que je ne l'aie immédiatement reconnue comme provocatrice — ce n'est pas tous les jours que l'on s'interroge sur des questions de sexualité —, mais parce qu'il m'est tout de suite apparu évident que cette question recélait une grande part de vérité. Non seulement je me répétais la question, mais je la formulais plusieurs fois à voix haute, jouant avec les consonances, les intervertissant pour finir par répéter plusieurs fois chaque son. Vous savez, comme lorsque l'on est enfant et que l'on se répète un mot jusqu'à ne plus entendre sa réelle signification. C'est seulement après, lorsqu'on se le redit plus lentement, que l'on peut à nouveau se le réapproprier. Je me prêtais donc à ce petit jeu avec ce plaisir un peu particulier qui accompagne les souvenirs d'enfance. De quoi parle-t-on si on ne parle pas de sexualité sur le lieu de travail ? De quoi parle-t-on si on ne regarde pas, dans les relations de travail, la question de la sexualité ?

Car, après tout, la sexualité n'est-elle pas au centre de l'expérience humaine ? La sexualité n'est-elle pas présente dans chacune des activités humaines ? Comme l'a montré Freud ou, par exemple et plus récemment — il y a tout de même un peu plus de vingt ans déjà — dans un tout autre genre, le très beau film de Denys Arcand, *Le déclin de l'empire américain*, la sexualité n'est-elle pas l'objet même de presque tous nos fantasmes ? Ainsi, dans l'ascenseur avec une personne inconnue, n'avez-vous jamais imaginé avoir une relation intime avec elle ? Avec la femme d'un ami, ou le mari d'une amie — et même avec la femme de votre meilleur ami ou le mari de votre meilleure amie —, n'avez-vous jamais imaginé un baiser, sinon davantage ? N'avez-vous jamais eu le fantasme d'être avec un autre ou une autre alors que vous faisiez l'amour avec votre partenaire ? N'avez-vous enfin jamais couché en rêve avec une ou un de vos collègues ? Ces questions vous paraîtront peut-être choquantes, seulement voilà, ou on dit les choses, ou on ne les dit pas. Et si ces questions nous dérangent, ce n'est pas parce que nous nous demandons ce que cela vient faire ici mais, plus sûrement, parce que nous ne le savons que trop bien.

De quoi parle-t-on alors si on ne parle pas de sexualité sur le lieu de travail ? Cette question que je m'étais bien appropriée maintenant, comme celles qui, par association, me venaient à l'esprit — le lieu de travail favorise-t-il les relations affectives et intimes, peut-on calculer ce nombre de relations, des études ont-elles déjà été menées sur ce sujet ? —, j'ai eu envie d'y répondre.

Je fis un rapide aller-retour au Canada pour terminer, à la demande d'un grand groupe dans l'aluminium, une série de conférences sur quatre grands thèmes : ce que veut dire le courage pour un dirigeant ; les enjeux individuels et collectifs de la mondialisation ; la féminisation du leadership ; peut-on former aux valeurs de l'humanisme ? Ensuite, je demandai et obtins de mon employeur un congé sans solde pour mener un projet de recherche que j'appelai très consciencieusement : « Mesure des relations à connotations privées sur le lieu de travail dans les entreprises, collectivités et administrations en France. »

Un soir où ils m'avaient invité à dîner avec des amis, et après les avoir aidés à remettre un peu d'ordre, je commençai à expliquer à Hugo et Clara les grandes lignes de mon projet de recherche.

Hugo et Clara s'étaient connus sur les bancs de l'Essec. Sans être nécessairement inséparables, nous formions alors un trio qui réussissait la plupart des choses qu'il entreprenait, à l'exception d'une seule sur laquelle nous échouions toujours au moins à nous mettre d'accord : les cas de management. Là, il n'y avait plus moyen de nous entendre. Je reprochais à Hugo et Clara leur manque de lucidité, leur point de vue trop marqué de références psychologiques qui n'avaient, à mon avis, pas grand-chose à voir avec le sujet. Eux me reprochaient, avec une certaine mauvaise foi — je l'ai soupçonné après-coup —, la froideur des prises de décision que je défendais. Depuis, et sans nous voir toujours régulièrement, nous avions toujours maintenu de fréquents contacts. Nouveau couple avant l'heure, Hugo et Clara avaient attendu presque vingt ans avant d'avoir un enfant.

Je me souviendrai longtemps de l'expression d'Hugo et de Clara ce fameux soir où je leur ai exposé — avec la même froideur sans doute que celle que j'affichais lorsque nous nous étions connus étudiants — ma décision à conduire une telle recherche. Cette expression, je l'ai d'ailleurs retrouvée chez beaucoup des interlocuteurs que j'ai questionnés par la suite.

Comme il me fallait toujours reformuler ma question, j'avais fini, après quelques tentatives, par l'énoncer ainsi : «Y a-t-il des relations intimes, sinon sexuelles, sur le lieu de travail ?» Cette question, simplifiée à l'extrême, présentait l'avantage d'être immédiatement comprise et, surtout, d'appeler de vraies réponses. Enfin, et ce n'était pas la moindre des choses, elle préparait *La* question : « Et vous, avez-vous déjà eu des relations intimes, sinon sexuelles, avec des personnes de votre entourage professionnel ? »

Je dois dire tout de suite que je n'ai pas été déçu. Les réponses que l'on m'a données et que j'ai patiemment collectées et analysées ont dépassé, et de très loin, tout ce que j'avais pu imaginer. De même que les auteurs sur lesquels je me suis penché pour éclairer ma recherche, dont je connaissais par ailleurs les ouvrages mais que je me suis astreint à relire. Je citerai de mémoire, pour les auteurs principaux, Freud bien sûr, mais aussi Virilio, Deleuze, Green, Foucault, ainsi que Stefan Lievens, Francesco Alberoni, André Bejin, Janine Mossuz-Lavau… bien que moins connus. Je dois dire également que je n'ai pas trouvé beaucoup de recherches ou études identifiées sur les relations à caractère intime, sinon sexuel, sur le lieu de travail. La plupart des études tiennent davantage du recueil d'histoires particulières, ou abordent cette question d'un point de vue moral : les auteurs s'interrogent alors sur le bien ou le mal qu'il y a à développer une histoire sentimentale avec un(e) collègue, voire n'hésitent pas à donner huit ou dix conseils typiques pour flirter au bureau. D'autres études encore, comme me l'a précisé Martine Allègre, directrice de la bibliothèque Dieter Schmidt, et cela est tout particulièrement vrai des articles que l'on trouve sur les banques de données anglo-saxonnes, privilégient, pour l'essentiel, l'examen des outils de contrôle et celui des aspects juridiques de l'activité « privée » sur le lieu de travail (essentiellement, d'ailleurs, sur Internet).

J'ai consulté plusieurs sources d'information :

❖ Anact, INED, Cereq, Credoc… ;

❖ banques de données de revues : *ABI Inform*, *Delphes* ;

❖ base de données presse : Factiva ;

❖ moteurs de recherche sur Internet : Google, Alta-Vista…

Parmi les travaux les plus éclairants, j'ai retenu plus particulièrement les trois suivants :

❖ Le travail mené par le professeur Stefan Lievens et la journaliste Tine Hens, qui ont enquêté sept années sur l'amour au travail avec, à la clé, un livre qui reprend leurs résultats : *Passie op de werkvloer*, soit *La passion au travail* (Van Halewyck, 2001).

❖ L'enquête réalisée par le site de recherche d'emploi Monster. Cette enquête montre que presque un travailleur européen sur deux vit une romance sur son lieu de travail :

> « Plus de la moitié des hommes et des femmes suédois, norvégiens et britanniques prétendent avoir déjà eu au moins une relation amoureuse avec un(e) collègue. Au total, 36 950 Européens ont répondu à la question : "Avez-vous déjà eu une relation amoureuse avec une personne de votre travail ?" Pour Monster, ce ne sont pas les pays méridionaux qui comptent le plus de relations amoureuses, puisque ce sont 3 pays plus septentrionaux qui arrivent en tête. En Suède, 51 % des hommes et 57 % des femmes ont répondu à la question par l'affirmative ; en Norvège, la proportion est de 54 % pour les hommes et 56 % pour les femmes, la couronne revenant aux Britanniques, parmi lesquels 57 % des hommes et 62 % des femmes prétendent avoir déjà eu une relation amoureuse au travail. Dans les autres pays européens, près d'une personne sur deux déclare avoir déjà eu au moins une relation amoureuse avec un(e) collègue (46 % des hommes et 49 % des femmes). » (Source : vivat.be.)

❖ L'étude de la sexologue Shere Hite, intitulée *Sex & Business*, dans laquelle 42 % des employés de dix grandes entreprises américaines affirment qu'ils ont eu une relation avec un ou une collègue (source : raiffeisen.ch). Ces

situations, comme me l'ont confirmé des collègues cana-
diens et américains, lorsqu'elles existent en Amérique du
Nord et sont connues des employeurs (cela est surtout vrai
aux États-Unis), génèrent parfois une réaction relativement
violente de l'entreprise. Cette dernière peut pousser l'une
des personnes à donner sa démission et à chercher un autre
travail. Si cela est impossible, l'entreprise se couvre par un
love contract, ce qui lui permet, si l'histoire devait mal
tourner, de se dédouaner.

Alors en France, comment cela se passe-t-il ? Eh bien,
comme sans doute dans la plupart des pays du monde,
l'amour se fait aussi pendant les heures de travail : dans
les bureaux, dans les parkings des sociétés, dans les salles
de réunion en marge des bureaux paysagers, dans les ate-
liers et, finalement, dans tous les coins et recoins possibles. Pour adapter à la situation française le terme du
psychologue industriel Charles Larocque — qui fut
directeur des ressources humaines chez Bell Helicopter
pendant une douzaine d'années avant de fonder son propre cabinet —, je pourrais dire que l'environnement
professionnel constitue une véritable « agence de rencontre » (source : canoe.com).

C'est cet aspect de la vie sur le lieu de travail en France
— que ce soit dans les entreprises, les sociétés, les collec-

tivités ou les administrations — et dont très peu de personnes parlent mais que manifestement tout le monde en France connaît et que même beaucoup pratiquent, j'en ai eu la confirmation, que j'ai eu envie de vous raconter dans ce livre.

⟶•⟵

Néanmoins, avant que vous entamiez la lecture de cet ouvrage, je dois vous mettre en garde : parmi les hommes et les femmes que je décris, il est possible que nombre d'entre vous pensent se reconnaître ; il se peut alors que vous m'en vouliez un peu. Pour autant, ne renoncez pas à poursuivre votre lecture. Au fil des pages, vous allez reconnaître, à coup sûr, un grand nombre de celles et de ceux que vous côtoyez chaque jour sur votre lieu de travail. Sans doute alors m'en voudrez-vous un peu moins...

La loi de Cupidon

Chaque homme et chaque femme, en fonction
de son ancienneté et du nombre de personnes
que compte son environnement professionnel,
va développer un nombre précis de relations
intimes sur son lieu de travail.

Un soir où nous étions réunis pour les derniers prépara-
tifs du baptême de ma filleule, Hugo me demanda, même
s'il connaissait très bien la réponse, si ces relations intimes ou sexuelles devaient nécessairement, pour être en
quelque sorte « homologuées », se vivre sur le lieu de travail. Je lui précisai volontairement de manière très
sérieuse que les relations intimes ou à connotations
sexuelles pouvaient naître, se poursuivre ou se conclure
sur le lieu de travail proprement dit ou à l'extérieur.
L'important pour ma comptabilité, et à partir de là pour
la loi que je voulais établir, étant que ces relations à
connotations intimes ou sexuelles s'établissent avec des
personnes de l'environnement professionnel. Pour
qu'une relation intime ou sexuelle soit comptabilisée, ou
homologuée, pour reprendre l'expression d'Hugo, il
devait être entendu que celle-ci était le fait de deux personnes différentes à chaque fois. Autrement dit, je n'allais

évidemment pas compter le nombre de relations intimes entre deux personnes appartenant au même environnement professionnel mais bien, par personne, le nombre de partenaires avec qui celle-ci, tout le temps de son passage dans une entreprise, une collectivité, une société ou une administration particulière, allait construire une relation à connotations intimes, sinon sexuelles.

C'est ce même soir qu'Hugo s'enquit du nom que j'allais donner à ma loi — Clara venait seulement de nous rejoindre, la Cour des comptes, où elle travaillait, lui demandant beaucoup à cette période de l'année. Je mis d'abord un peu de temps à comprendre. Une loi, quelle loi ? Hugo me fit remarquer, prenant Clara en faux témoin, puisqu'elle n'était pas encore présente à ce moment-là, que j'avais moi-même utilisé ce terme lorsque je lui avais répondu sur cette idée d'homologation.

Je tergiversai beaucoup, et feignis d'admettre cette idée incongrue d'Hugo : puisqu'il s'agissait de *ma* loi, comme il se plaisait à me le répéter, le mieux serait, comme un observateur découvre une nouvelle étoile, de lui donner mon nom. Je dois dire que l'aspect pratique et aussi, il faut le reconnaître, gratifiant, d'une appellation qui aurait été la « Loi de Roche », me plaisait bien un peu. Mais je décidai qu'une fois la loi suffisamment éprouvée, je lui donnerai le nom qui d'évidence s'imposait : Cupidon.

Cette loi a été établie — après une pré-enquête durant laquelle j'ai réalisé des interviews — sur la base d'entretiens avec des hommes et des femmes (selon une répartition presque parfaite) travaillant dans des entreprises, collectivités, et administrations en province, en région parisienne et à Paris *intra-muros*. Avant de poursuivre, conscient des risques qu'il y aurait à prendre au pied de la lettre ce qui devait donc devenir la loi de Cupidon, je dois préciser que cette loi est indicative et non prédictive. La plupart des chercheurs, parmi lesquels, déjà nommé pour ses travaux, Stefan Lievens, professeur de psychologie à l'université de Gent, soulignent combien une enquête fondée sur des chiffres et des faits est difficile, sinon impossible sur le sujet. Ainsi, nonobstant la gageure à mener une telle recherche, ces résultats doivent être interprétés pour ce qu'ils sont, et à ce titre seulement : de bonnes marques d'informations et de discussion.

Comme je m'y étais engagé, j'ai d'abord publié les tout premiers résultats de cette loi (il s'agissait alors des résultats de la pré-enquête), sous le nom de code « loi de Ly », sur le Web — j'en ai retrouvé récemment des versions traduites, plus ou moins bien d'ailleurs, sur des sites latino-américains —, ainsi que quelques éléments de cette loi dans un ouvrage coécrit avec Yannick Chatelain, *In Bed with the Web* (Chiron, 2005). Cet échantillon a été depuis, comme je l'ai indiqué ci-dessus, élargi à d'autres types de sociétés, à des collectivités et des administrations publiques et parapubliques et, surtout, cette loi a été précisée. Comme je le montrerai dans ce qui suit, j'ai depuis essayé de mesurer les effets de la capacité ou non à innover des environnements professionnels, ainsi que le pouvoir formel et/ou informel des hommes et des femmes qui composent ces mêmes structures — ces deux variables, je le démontrerai là encore, précisant la définition générale de ce qui désormais pourrait s'appeler la loi de Cupidon.

A contrario, et c'est aussi ce qui fait que cette loi demanderait à être vérifiée dans le cadre d'un travail qui reste à venir, le nombre d'entretiens ramené au nombre de variables prises en considération (années d'ancienneté ; type de structure : entreprise, collectivité, administration ; répartition des structures fortement innovantes ou moins innovantes ; prise en considération du pouvoir formel et informel des personnes), sans jamais néanmoins descendre à quelques unités, demeure souvent trop faible. C'est la raison pour laquelle, hormis pour la loi de Cupidon dans sa définition la plus générale (*cf.* ci-dessous), je parlerai de principes, autrement dit de tendances.

———— ◦▷•◁◦ ————

La loi de Cupidon, dans sa définition la plus générale — et l'élargissement de l'échantillon d'entreprises aux collectivités et administrations n'a pas modifié cet équilibre de façon significative —, veut qu'une personne ait un partenaire sexuel différent parmi les personnes de son entourage professionnel tous les 7 ans d'ancienneté. Autrement dit, tous les 7 ans d'ancienneté, une personne aura en moyenne un nouveau partenaire sexuel parmi les personnes qui appartiennent à son entourage professionnel.

Je dois préciser ici, et comme le veut le bon sens, que j'appelle partenaire sexuel une personne qui a une relation de nature sexuelle avec une autre personne. Cette relation de nature sexuelle réfère à l'acte sexuel proprement dit mais aussi aux attouchements — une personne touche la partie sexuelle d'une autre personne avec une partie de son corps (main, bouche...) — et inclut les « baisers amoureux ». Si la formulation n'est pas très belle, j'en conviens, elle présente l'avantage, dans le même temps, de dire tout de même assez bien ce qu'elle veut dire.

Avant d'aller plus loin, remarquons deux choses.

La première, et la plus importante pour ce travail, je préfère parler d'entourage professionnel, comme vous l'aurez constaté, plutôt que de collègues au sens strict. En effet, il est difficile parfois de bien marquer la différence entre les personnes appartenant *stricto sensu* à l'organisation dont il est fait mention et les personnes qui peuvent en être très proches (formateurs, actionnaires, élus...). De sorte que, lorsque je parle d'une structure qui compte *n* personnes, il conviendrait de parler en réalité d'une structure d'au moins *n* personnes, sachant tout de même que les personnes très proches peuvent représenter un pourcentage non négligeable en plus.

La deuxième, plus anecdotique pour ce travail, est liée aux 7 ans qui font écho à l'idée que nous nous faisons de la durée moyenne des mariages — ce que renforce, par exemple, le film de Didier Bourdon, *7 ans de mariage*. En réalité, cela est un peu plus complexe. Michel Thizon, dans son analyse du 16e rapport sur la situation économique en France (source INED), explique que la durée moyenne d'un mariage ayant donné lieu à un divorce est de 12 ans. Si la fréquence la plus élevée des divorces, poursuit Michel Thizon, intervient après 4 à 5 ans de mariage, de nombreux couples divorcent après 20 ou 30 ans de mariage. Il faut noter, souligne l'auteur, que *« la précocité apparente des divorces modernes (fréquence maximale atteinte [donc] après 4 à 5 années de mariage au lieu de 6 à 7 auparavant) ne tient pas compte des nouvelles pratiques de vie en commun avant le mariage. [Aussi], rien ne permet d'affirmer que la durée effective de vie en commun reste de 6 à 7 années avant le divorce (fréquence maximale traditionnelle), la stabilité des unions libres n'ayant pas été étudiée ».*

Pour revenir à ce qui nous mobilise ici, et pour appui théorique, je vais prendre l'exemple d'une entreprise ou d'une organisation de 200 personnes dont la moyenne d'ancienneté serait de 5 ans. Le nombre total de relations sexuelles entre deux partenaires toujours différents, mais appartenant au même environnement professionnel, sera compris entre $[(200 \times 5):7]:2$ et $[(200 \times 5):7]$, soit entre 75 et 150.

À Clara, qui me félicitait avec trop d'emphase pour ne pas dissimuler une critique nourrie de mes résultats, qui variaient du simple au double, Hugo rétorqua — et mon explication n'aurait pas été meilleure — que des éléments me manquaient pour être plus précis. Parmi ces éléments, le *turnover*, autrement dit les départs et les arrivées qui avaient pu se faire dans la structure prise en exemple. Si l'on considère, c'est là évidemment une visée très théorique, que cette entreprise dont l'ancienneté moyenne est aujourd'hui de 5 ans, a, au jour même de sa création, embauché 200 personnes, et à supposer qu'il n'y ait jamais eu aucun départ ni aucune arrivée depuis, le nombre de relations sexuelles serait de $[(200 \times 5):7]:2$, soit 75. Ces 75 relations, ajoutais-je, poursuivant ainsi l'explication d'Hugo, concernent à chaque fois une paire différente de personnes (C avec U, je ne compte donc pas U avec C, ce qui serait la même chose ; P avec I, de même je ne compte pas ici I avec P… ; D avec O ; O avec N…), sachant que C, U, P, I, D, O, N, appartiennent au même entourage professionnel. Pour donner lieu à homologation — j'avais définitivement retenu l'expression d'Hugo —, les différentes paires doivent toujours être différentes.

À l'autre extrémité du spectre, on pourrait imaginer, dans une visée elle aussi très théorique, que le nombre de départs et d'arrivées a été extrêmement important, à tel point que l'entreprise, quelques jours encore avant ma mesure de l'ancienneté moyenne, comptait peut-être 300, 400, voire, pourquoi pas, 1 000 personnes. À tel point encore que parmi les 200 personnes encore présentes aujourd'hui dans l'entreprise, pour celles qui auraient eu un ou plusieurs partenaires sexuels, cela s'est toujours fait avec des personnes qui, aujourd'hui, ne sont plus dans l'entreprise. En ce cas, et pour aller jusqu'au bout de cette probabilité certes infime, les 200 personnes que compte mon entreprise au jour de ma mesure peuvent, dans l'absolu — c'est le point haut —, comptabiliser jusqu'à [(200 × 5) : 7], soit 150 relations sexuelles. Ces relations, là encore, concernent à chaque fois une paire différente de personnes.

Pour reprendre mon exemple (cette entreprise ou organisation de 200 personnes avec une ancienneté moyenne de 5 ans), cela veut dire au moins deux choses.

Cela signifie en premier lieu, et je le précise à nouveau de façon à lever toute ambiguïté, 75 relations qui concernent à chaque fois 2 personnes différentes encore présentes dans la structure au jour de ma mesure (c'est mon point bas) ou 150 relations qui concernent à chaque fois 2 personnes différentes mais dont à chaque fois l'une d'entre elles a quitté la structure avant le jour de ma mesure (c'est mon point haut). La vérité, naturellement, doit se situer dans un entre-deux. Certaines personnes qui ont eu des aventures à connotations sexuelles avec d'autres personnes de leur entourage professionnel sont restées, d'autres sont parties. Comme je le montrerai également, certaines personnes ont cumulé plusieurs partenaires ; d'autres n'en ont eu qu'un ; d'autres encore, évidemment, n'en ont eu aucun. Enfin, et même si cela va de soi, je ne mesure pas ici le temps de la relation proprement dite entre deux partenaires mais, simplement, son existence. Si l'on compte 75 relations sexuelles (pour mon point bas), c'est qu'il a existé 75 histoires différentes ; 150 relations sexuelles (pour mon point haut) signifient donc qu'il a existé 150 histoires différentes ; certaines de ces histoires ont peut-être été sans lendemain, d'autres ont peut-être duré quelques semaines ou quelques mois, d'autres encore, et pourquoi ne pas l'imaginer, sont peut-être des histoires de toute une vie.

En second lieu, cela signifie que ma mesure est une photo à un instant *t*, lequel est défini à la date où l'on arrête l'ancienneté moyenne. Pour reprendre mon exemple, si je dis que l'ancienneté moyenne est de 5 ans, je devrais également préciser à quelle date, par exemple aujourd'hui. Alors, je peux dire qu'à ce jour, les hommes et les femmes actuellement présents dans cette entreprise ou organisation comptabilisent pour mon point bas 75 relations sexuelles ; et pour mon point haut, 150 relations sexuelles, à savoir, comme je l'ai montré ci-dessus, qu'ils comptabilisent, selon le point que je prends, entre 75 et 150 histoires différentes, mon référent théorique demeurant l'ancienneté moyenne. Qu'importe que ces histoires soient terminées ou que certaines d'entre elles soient en cours, voire se chevauchent : ces 75 à 150 histoires ont été actées et elles sont l'addition de la plus ancienne histoire vécue par une personne encore présente dans l'entreprise jusqu'à l'addition de l'histoire vécue la plus récente par une personne encore présente au sein de la structure. Qu'importe également que certains des partenaires aient depuis quitté l'entreprise ou l'organisation ; le principal étant qu'à chaque fois, au moins un des acteurs reste présent au sein de la structure.

La réalité du *turnover* des différentes structures est par définition très variable. Aussi, par souci de simplification — et suivant la suggestion de Clara après cette démonstration qu'elle a qualifiée d'« un peu lourde » — dans le choix que j'avais d'opter pour le point bas ou le point haut, j'ai décidé, pour ce chapitre, de ne travailler que sur les points hauts lorsque je mesure le nombre total de relations sexuelles et/ou intimes au sein d'une structure. (J'expliciterai également ce choix, pratique pour mieux rendre compte de ma démonstration, en abordant ci-après l'exemple de France Télécom, comme un choix dont vous comprendrez alors que je puisse le qualifier d'« esthétique »). En revanche, dans le cadre de la présentation de la table générale de la loi de Cupidon, parce que les mouvements (départs, arrivées), s'ils existent évidemment, demeurent le plus souvent relativement modestes, j'utiliserai les points bas, plus proches donc de ce que doit être la réalité.

Par conséquent, la formule retenue dans ce chapitre pour calculer le nombre de relations sexuelles au sein d'une structure, est :

$$[(\text{nombre de personnes de la structure} \times \text{ancienneté moyenne}) : 7]$$

Là où la formule retenue pour la table générale de la loi de Cupidon, pour calculer le nombre de relations sexuelles au sein d'une structure, sera :

$$[(\text{nombre de personnes de la structure} \times \text{ancienneté moyenne}) : 7] : 2$$

Dans le respect de ce choix ici (c'est pourquoi je parle plus loin de 150 relations et non plus de 75), pour obtenir, hors les relations sexuelles, le nombre de relations qui peuvent néanmoins être qualifiées d'intimes, il faut, toujours à cet instant t, multiplier par 3 le nombre trouvé. J'appelle relations intimes les baisers dans le cou, jusqu'aux baisers au coin de la lèvre (attention, je ne considère pas ici les baisers amoureux qui, comme je l'ai mentionné ci-dessus, sont comptés en tant que relations sexuelles), les caresses sur la joue, dans le dos, sur la main (hors attouchements donc, puisque je les considère aussi comme devant être comptés comme relations sexuelles).

Pour poursuivre sur l'exemple de notre entreprise ou de notre collectivité de 200 personnes, je peux dire alors que chaque homme et chaque femme ont eu en moyenne $[(3 \times 150) : 200]$, soit environ 2 relations intimes (je compte bien là le nombre de relations intimes par personne). Autrement dit, chaque homme et chaque femme ont eu à peu près, et en moyenne, une relation intime avec 2 personnes différentes de leur entourage professionnel. Il s'agit bien ici d'une moyenne ; certains ont donc pu avoir une relation intime avec plus de 2 personnes différentes, d'autres peut-être avec une seule, d'autres, enfin et évidemment, n'en ont sans doute jamais eues.

Pour comprendre l'ampleur de la mesure — tout en ne gardant toujours comme point de référence que mon point haut —, je me suis amusé à prendre trois exemples et j'ai appliqué la loi de Cupidon. Le premier exemple concerne une chambre de commerce et d'industrie (CCI) ; le deuxième, le Centre national de la recherche scientifique (CNRS) ; et le troisième, France Télécom.

Premier exemple : une CCI

Les données sont extraites du bilan social 2004 de cette même CCI. L'ancienneté moyenne n'apparaissant pas comme telle, celle-ci a été reconstruite par approximation.

Pour cette CCI, qui compte 502 collaborateurs (en 2004) hors CDD, et dont l'ancienneté moyenne est d'environ 8,6 ans, l'application de la loi de Cupidon donnerait :

$$(502 \times 8{,}6) : 7$$

soit 616 relations sexuelles, soit un peu plus d'un partenaire sexuel en moyenne par personne.

Chaque collaborateur a eu, en moyenne, entre 3 et 4 partenaires avec qui se sont nouées des relations intimes [(616 × 3) : 502]. Ces partenaires appartiennent au même entourage professionnel.

Deuxième exemple : le CNRS

Les données sont extraites du bilan social 2002. L'ancienneté moyenne est ici donnée comme telle, il ne s'agit donc pas d'une approximation.

Pour le CNRS, qui compte 26 136 personnes (en 2002) et dont l'ancienneté moyenne est de 16,58 ans, l'application de la loi de Cupidon donnerait :

$$(26\ 136 \times 16{,}58) : 7$$

soit 61 904 relations sexuelles, soit un peu plus de 2 partenaires sexuels en moyenne par personne.

Chaque individu a eu en moyenne 7 partenaires avec qui se sont nouées des relations intimes [(61 904 × 3) : 26 136].

Ces partenaires appartiennent au même entourage professionnel.

Troisième exemple : France Télécom

Les données sont extraites du bilan social 2004. L'ancienneté moyenne n'apparaissant pas comme telle, celle-ci a été reconstruite par approximation.

Pour France Télécom, qui compte 106 092 personnes en activité (en 2004), hors CDD, et dont l'ancienneté moyenne est d'environ 20,6 ans, l'application de la loi de Cupidon donnerait :

$$(106\ 092 \times 20,6) : 7$$

soit 312 213 relations sexuelles, soit presque 3 partenaires sexuels en moyenne par personne.

Chaque individu a eu en moyenne presque 9 partenaires avec qui se sont nouées des relations intimes [(312 213 × 3) : 106 092]. Ces partenaires appartiennent au même entourage professionnel.

Dans le cas de France Télécom, je ne peux pas ne pas remarquer — c'est évidemment une belle coïncidence, et aussi une des raisons pour lesquelles j'ai souhaité, pour ce chapitre, ne travailler que sur les points hauts — que le nombre de relations sexuelles forme ce que nous pourrions appeler un palindrome numérique : le nombre 312 213 peut se lire en miroir, comme les deux partenaires de la relation intime, de droite à gauche ou de gauche à droite. Mais hormis ce fait remarquable, d'autres exemples pourraient suivre. Nous pouvons imaginer le nombre astronomique, dès lors qu'il serait cumulé, de relations extraprofessionnelles à connotations intimes qu'ont dû bâtir les centaines de milliers de salariés des entreprises du CAC 40 (parmi lesquelles, d'ailleurs, France Télécom).

——— ◦ ———

Comme toutes les lois, néanmoins, le registre de l'exception existe toujours. Qui plus est, et il faut insister sur ce point — c'est pourquoi je le répète à dessein —, cette loi n'est pas prédictive. Aussi, sur les milliers d'entreprises, collectivités et administrations en France, pouvons-nous tout à fait imaginer que les trois exemples pris ci-dessus relèvent justement du registre de l'exception. Je peux même penser, avec certes beaucoup d'imagination, et peut-être un peu de mauvaise foi tout de même, qu'il n'y a jamais eu le moindre geste d'intimité ni à la CCI prise en exemple ni au CNRS ni à France Télécom. Clara et Hugo, ni personne dans leur entourage immédiat ne travaillant à France Télécom, au CNRS, ou à la CCI dont il est fait mention ici, l'hypothèse de l'exception n'a pas, à ce jour encore, été infirmée... Je me suis bien évidemment interdit d'aller enquêter dans ces structures dès lors que j'avais décidé de les prendre en exemples théoriques et, le répéterai-je jamais assez, seulement à ce titre ; et plus encore de prêter crédit aux dizaines d'histoires — pour certaines plausibles, pour d'autres abracadabrantesques — qui, depuis, m'ont été rapportées.

Pour poursuivre sur l'hypothèse de l'exception, le tableau que je vous présente ci-après doit être lu et compris comme prédictif pour tous les environnements professionnels en France à l'exception, donc, nous sommes bien d'accord, de la CCI dont il est fait mention, du CNRS et de France Télécom...

Table 1. Table de calcul, par personne, du nombre de partenaires sexuels et de partenaires avec qui se construisent des relations intimes en fonction des années d'ancienneté

Ancienneté moyenne (par année) dans l'entreprise, l'industrie, la société, la collectivité ou l'administration	Nombre moyen par personne de partenaires sexuels (qui appartiennent au même entourage professionnel)	Nombre moyen par personne de partenaires avec qui se nouent des relations intimes (partenaires qui appartiennent au même entourage professionnel)
1	0,14	0,43
2	0,29	0,86
3	0,43	1,29
4	0,57	1,71
5	0,71	2,14
6	0,86	2,57
7	1,00	3,00
8	1,14	3,43
9	1,29	3,86
10	1,43	4,29
11	1,57	4,71
12	1,71	5,14
13	1,86	5,57
14	2,00	6,00
15	2,14	6,43
16	2,29	6,86
17	2,43	7,29
18	2,57	7,71
19	2,71	8,14
20	2,86	8,57
21	3,00	9,00

22	3,14	9,43
23	3,29	9,86
24	3,43	10,29
25	3,57	10,71
26	3,71	11,14
27	3,86	11,57
28	4,00	12,00
29	4,14	12,43
30	4,29	12,86
31	4,43	13,29
32	4,57	13,71
33	4,71	14,14
34	4,86	14,57
35	5,00	15,00
36	5,14	15,43
37	5,29	15,86
38	5,43	16,29
39	5,57	16,71
40	5,71	17,14
	Zone de validité de la loi la plus forte	

La lecture de cette table est extrêmement simple. Ainsi, pour une personne qui a 4 ans d'ancienneté, il convient de se référer à la ligne 4. Cela nous donne :

4	0,57	1,71

À savoir : une personne dont l'ancienneté est de 4 ans a un peu plus d'une chance sur 2 d'avoir eu une relation sexuelle avec une personne de son entourage professionnel et a eu, en moyenne, 1 à 2 relations (avec 1 ou 2 personnes de son entourage professionnel) qui peuvent être qualifiées d'intimes.

De même, pour une personne qui a 10 ans d'ancienneté, la ligne correspondante nous donne :

10	1,43	4,29

La lecture est celle-ci : cette personne a eu en moyenne 1 ou 2 partenaires sexuels appartenant à son entourage professionnel et a noué des relations intimes avec au moins 4 personnes différentes appartenant elles aussi à son entourage professionnel.

Si la table générale de la loi de Cupidon que je vous présente en annexe peut, je l'espère, vous faire gagner beaucoup de temps pour évaluer le nombre de relations intimes qui se sont nouées sur votre lieu de travail entre des personnes encore en activité, il convient de dire dès à présent que la loi de Cupidon est plus particulièrement valide pour les années d'ancienneté comprises entre 2 et 12 ans. Avant 2 ans d'ancienneté, il est difficile d'avoir des données suffisantes, notamment parce que, pour ne pas les « perturber » — et bien qu'en amont des événements anti-CPE —, j'ai par exemple exclu les personnes en périodes d'essai ou récemment embauchées. Au-delà de 12 ans, il semble que l'augmentation brute et mathématique donnée par la loi ne fasse plus vraiment sens. De même, on peut penser qu'après 12 ans d'ancienneté, s'il ne s'est rien passé avant, alors sans doute ne se passera-t-il pas grand-chose après. Ce qu'il faut retenir, c'est que la loi de Cupidon est plus particulièrement valide pour les environnements professionnels dont les unités et différents sites comptent entre 200 et 1 500 personnes.

Avant d'y revenir, je dois préciser que plusieurs principes et explications concourent à mieux nous faire comprendre le nombre relativement élevé de relations intimes et/ou de relations à connotations sexuelles qui s'établissent sur le lieu de travail avec des personnes qui appartiennent au même entourage professionnel.

J'ai, dans ce cadre, identifié quatre principes et deux explications.

❖ Le premier principe est d'ordre statistique. Vous comprendrez très vite ce principe que j'ai appelé : *rien ne sert de courir avant la… nième.*

❖ Le deuxième principe, connu depuis que le monde est monde, explique pourquoi le pouvoir — et tout particulièrement les relations hiérarchiques — semble augmenter la capacité à séduire et donc, éventuellement, à faciliter les relations intimes sinon sexuelles sur le lieu de travail. Ce principe, je l'ai appelé : *plus on est placé haut, plus on séduit bas.*

❖ Le troisième principe montre comment, dans l'environnement professionnel, tout semble fait pour organiser un savant mélange entre la vie professionnelle et la vie privée, au risque même de prendre en otage, ou plus simplement de confisquer une partie de la vie privée des hommes et des femmes. Ce troisième principe, je l'ai appelé : *l'organisation scientifique de la confusion.*

❖ Le quatrième principe montre qu'il existe un lien entre la capacité à innover des organisations et la capacité des hommes et des femmes à nouer des relations intimes sur leur lieu de travail — au-delà de l'observation d'un environnement que nous pourrions qualifier de « placé sous la ceinture » tant les entreprises, collectivités, sociétés et administrations (pour une part non négligeable d'entre elles du moins), usent (et abusent) de références à connotations sexuelles pour vendre et promouvoir leurs produits et services. Ce quatrième principe, je l'ai appelé : *pour gagner, il faut savoir se perdre.*

Outre ces quatre principes que je détaille dans les pages qui suivent, je développe deux explications.

❖ La première explication est liée à ce que peut dire la psychologie et notamment, ce qui n'est pas facile à admettre, que la vraie question — au-delà même des relations intimes et sexuelles qui peuvent se nouer sur le lieu de travail — n'est pas la question de l'infidélité mais la question de la fidélité. Contrairement à ce que nous pensons, la normalité devrait être l'infidélité et non la fidélité. Ensuite seulement, la psychologie explique pourquoi cette infidélité trouve plus facilement son expression sur le lieu de travail que sur un autre lieu. Cet éclairage par la psychologie, je l'ai nommé : *l'adulte erre en quête de dangers.*

❖ La seconde explication est liée à ce que peut dire la sociologie. Je montre pourquoi et à quelles fins les hommes et les femmes, qui développent des relations intimes sinon sexuelles sur le lieu de travail, et détournent en quelque sorte celui-ci dans un but non professionnel, y trouvent un bénéfice qui dépasse la satisfaction des corps. Cet éclairage par la sociologie, je l'ai nommé : *un espace idéal qui va… du pareil au m'aime.*

Premier principe

Rien ne sert de courir avant la... *nième*

Il faut n *rencontres pour qu'il existe une personne à qui vous allez plaire suffisamment et qui vous plaira suffisamment pour qu'une relation intime sinon sexuelle puisse potentiellement se nouer.*

De toutes mes discussions avec Hugo et Clara — j'avais pris l'habitude de les entretenir régulièrement de l'avancée de mes travaux —, la discussion sur le principe de la *nième* est sans doute celle qui me laisse le moins de souvenirs. Manifestement en effet, et contrairement à ce qui se passait d'ordinaire, à savoir que les questions étaient toujours nombreuses et les échanges nourris (ce qui devait d'ailleurs se confirmer pour l'ensemble des discussions à venir sur les autres principes et éclairages), il y avait là un banc d'accord. Intuitivement, Hugo et Clara trouvaient ce principe très logique. Oui, dès lors que l'on s'entendait sur ce que voulait dire une « rencontre » — ce que je précise ci-dessous —, il était normal de penser qu'il faut en moyenne un certain nombre de rencontres (*n*) pour trouver une personne avec qui, potentiellement, une relation intime sinon sexuelle puisse se nouer.

Ce principe qui, dans l'absolu, repose entièrement sur des données statistiques, confirme ce que veut le bon sens. Plus une personne a des occasions de contacts, et donc des occasions de rencontres, plus elle va augmenter ses chances de séduire et d'être séduite. Chacun le comprendra aisément : si je me fais ermite, la probabilité de rencontres devient plus faible ; si j'élis domicile au Club Med, la probabilité de rencontres doit augmenter.

Alors, qu'est-ce que j'entends par occasion de rencontre ? Il me semble, et Hugo et Clara en ont été d'accord, que l'occasion de rencontre se définit par une interaction qui dépasse le cadre normal qu'ordonne la relation initiale : conversation, échange de sourires, partage d'une expérience (sport, aspect de la vie quotidienne, fait d'actualité, cinéma, théâtre, concert, éducation des enfants, problème de voiture...). Cette interaction se produit avec une personne avec laquelle vous n'entreteniez à ce jour aucune relation hormis, éventuellement, une relation liée à la situation qui vous met en rapport avec cette personne (par exemple une situation de travail ou de voisinage qui peut se résumer à la simple demande de documents ou, plus généralement, avec les voisins du moins, à un « bonjour, bonsoir »).

Plus précisément, je définis comme « rencontre », toute conversation d'au moins 5 minutes sur un sujet comme le cinéma, la politique, les voyages, l'actualité, les enfants, le sport, le logement, la santé, la musique..., soit toute conversation qui sort du cadre normal (des simples relations de travail, de voisinage), ou totalement nouvelle, avec une personne qu'au préalable je ne connaissais — comme on dit — « pas plus que cela ».

Le nombre de contacts nécessaires si l'on veut séduire une personne et être séduit par celle-ci, du moins potentiellement, c'est-à-dire qu'il peut effectivement se passer quelque chose, est égal à n. (Pour être tout à fait clair, cela ne signifie pas qu'il va se passer quelque chose ; pour qu'il se produise justement quelque chose, encore faut-il qu'il y ait une recherche en ce sens, que les deux personnes aient une volonté commune de faire quelque chose ensemble...)

Au sens presque littéral du terme, Hugo me poussait pour que je précise ce nombre n. Je répondais que si mon intuition et, à ce jour encore, seulement quelques observations, ne me permettaient pas de qualifier précisément n, je pensais tout de même que ce nombre devait vraisemblablement se situer autour de 40. En effet, outre que ce nombre de 40 correspond à mes premières observations, il symbolise un nombre à la fois relativement important (il faut effectivement que je puisse rencontrer un certain nombre de personnes pour qu'il puisse éventuellement se passer quelque chose de l'ordre de l'intimité, sinon de l'ordre du sexuel) et, dans le même temps, un nombre suffisamment raisonnable (il faut, tout autant, que je puisse développer dans ma vie de tous les jours ce nombre de rencontres).

Ce qui est intéressant à noter, c'est que ce nombre de n contacts, qui n'est *a priori* sans doute pas aussi élevé que cela, est très difficile à obtenir dans la vie de tous les jours — à savoir en dehors du travail (lorsque naturellement, j'ai la chance d'avoir un travail). Qu'est-ce que je fais, en effet, dans la vie de tous les jours à l'exception de mon travail ?

Pour prendre l'exemple d'une journée ordinaire, je me lève. Si j'ai des enfants, peut-être que je m'en occupe (cela dépend de leur âge, de mon organisation avec mon conjoint ou ma conjointe). Je croise éventuellement un ou deux voisins. Je prends ma voiture pour me rendre sur mon lieu de travail. Comme vous le remarquez, jusqu'ici, je n'ai encore noué aucun contact avec une personne que je ne connaissais pas avant. Et pour cause, je n'ai vu personne, mis à part un ou deux voisins et des automobilistes. Seulement voilà, les automobilistes, je ne leur parle pas, sauf exception : un accident qui oblige à entrer en contact avec l'un d'entre eux pour faire un constat (comme l'a montré avec humour, il y a quelque temps, une publicité pour Groupama). Pour tout dire, je les regarde à peine. Je suis dans ma bulle, j'écoute ou non la radio. C'est d'ailleurs le même cas de figure, que je me rende à mon travail à pied ou par les transports en commun. Là encore, je suis dans ma bulle, j'écoute ou non de la musique. Si j'emprunte les transports en commun, peut-être que je lis... D'ailleurs, vous le savez aussi bien que moi... Combien de personnes connaissez-vous qui vous aient dit : « *Nous nous sommes rencontrés en allant au travail...* » ; « *Nous nous sommes rencontrés dans le métro...* » ; « *Nous nous sommes rencontrés sur le quai de la gare...* » ? Bien sûr, cela peut exister mais cela demeure relativement rare.

Comme des exemples célèbres le montrent, ce qui est impossible ou plus difficile au moins dans la vie de tous les jours, je vais pouvoir le réaliser sur mon lieu de travail. C'est ce que rapporte Rita Torcasso dans un article joliment intitulé « Nous nous sommes connus au bureau » (*Panorama*, mars 2001), s'appuyant sur l'exemple de Bill Gates, qui « *a envoyé sa demande de mariage à Melinda French qui travaillait comme* product manager *dans son entreprise, ou Oskar Lafontaine et Christa Müller qui [se*

*connurent lorsqu'ils] travaillèrent autrefois ensemble à la cen-
trale du SPD allemand* », ou sur d'autres exemples, certes
moins célèbres : « *La moitié de tous les couples en Suisse*,
poursuit l'auteur, *ont connu leur conjoint dans le milieu
professionnel.* »

En effet, les relations de travail, par définition, qu'il
s'agisse de leur aspect formel ou de leur aspect informel,
vont me donner de nombreuses opportunités de développer des occasions de rencontres.

Néanmoins, avant de poursuivre, voici ce que
j'entends par aspect formel et aspect informel :

❖ L'aspect formel a trait aux relations nécessaires, autrement dit indispensables à la bonne réalisation de mon
activité professionnelle. Ces relations que j'établis avec
mes collègues, mes supérieurs hiérarchiques, mes collaborateurs, mais aussi, en potentialité, avec l'ensemble des hommes et des femmes qui font partie de mon
entourage professionnel, concernent les échanges tels
que le partage d'informations, la reddition de comptes, les interventions lors des réunions — que ces réunions se fassent en présentiel (nous sommes tous
présents dans une même salle) ou dans le cadre de
visioconférences (nous travaillons ensemble par écrans
interposés) —, le travail en commun mené dans le
cadre d'équipes de projet ou lors de sessions de forma-
tion…

❖ L'aspect informel caractérise les relations contingen-
tes, c'est-à-dire les relations qui ne sont pas indispensables à la bonne marche de mon travail. Ces relations
que j'établis avec mes collègues, avec mes supérieurs
hiérarchiques, avec mes collaborateurs, mais aussi, en
potentialité, avec l'ensemble des hommes et des

femmes qui font partie de mon entourage professionnel, concernent les échanges et discussions autour de
la machine à café, à la cafétéria, dans le cadre d'un pot
de départ ou d'arrivée à l'intention d'un collègue,
d'une fête de fin d'année, d'un séminaire d'intégration
ou, plus simplement encore, au hasard d'un couloir...

Chaque jour, je peux donc potentiellement me trouver
en contact volontaire ou fortuit ; cela dépend naturellement du nombre de personnes que compte mon entourage professionnel, c'est aussi pour cela que la loi de
Cupidon prend en compte ce paramètre, avec un nombre
très important (de quelques dizaines à plusieurs centaines) d'hommes et de femmes différents. Qui plus est, ces
contacts peuvent être physiques : je suis alors dans la
même salle de réunion, je partage un bureau ou un
espace professionnel avec un collègue, je croise une personne dans l'escalier... Ils peuvent aussi être virtuels : je
communique par téléphone, par mail, par SMS, par messagerie instantanée... Les occurrences, autrement dit le
nombre de contacts que j'établis au quotidien avec les
hommes et les femmes de mon organisation, vont être
multipliées par 2, par 3, voire parfois jusqu'à plus de
10 fois — cela dépend naturellement de ma fonction, de
la structure à laquelle j'appartiens, etc.

Par exemple, prenons le cas d'une personne travaillant
dans une société de services qui regroupe sur un même
site environ 200 personnes. Cette personne va être amenée à établir un nombre très important de relations avec
ses collègues. À ces relations, comme nous l'avons vu, il
convient d'ajouter, au moins pour les plus proches, les
autres relations qu'elle peut nouer avec les personnes de
son entourage professionnel qui n'appartiennent pas

nécessairement, du moins *stricto sensu*, à la même entité (je pense une fois encore aux formateurs, aux élus, aux actionnaires...).

Ainsi, chaque jour, cette personne va, en moyenne, être amenée à :

❖ dire 50 fois bonjour ;

❖ écrire 10 mails ;

❖ lire 30 mails ;

❖ téléphoner à 4 personnes ;

❖ répondre à 5 appels téléphoniques ;

❖ s'entretenir de tout et de rien (au-delà du bonjour — quelques mots : « Comment ça va ? » ; « Comment s'est passée la dernière réunion ?... ») à au moins 10 reprises ;

❖ participer à 3 réunions, chacune regroupant en moyenne environ 5 personnes ;

❖ partager un repas avec 3 personnes de son entourage professionnel ;

❖ avoir 5 discussions plus longues avec des collègues en face-à-face ou à plusieurs ;

❖ partager un café (cafétéria, machine à café, café du coin) à 3 reprises dans la journée ;

❖ et je ne compte pas tous les sourires, mais aussi les yeux au ciel, les soupirs, les hochements de tête, les signes de la main à destination d'un ou d'une collègue aperçu(e) à une distance telle que la parole ne peut être utilisée, ou plus simplement parce que ce ou cette collègue se trouve alors en discussion avec une autre personne.

Comme vous le voyez — la liste n'est d'ailleurs pas exhaustive —, le travail m'offre bien plus d'occasions de contacts et, par là même, de rencontres, que tous mes déplacements possibles et imaginables pour me rendre sur mon lieu de travail ou pour rentrer chez moi le soir.

De manière certes empirique — mais cela reboucle avec les observations que chacun d'entre nous a pu faire, même si nous ne les avions pas nécessairement formalisées —, j'ai évalué ainsi (ce sont là des ordres de grandeur) que :

❖ *Dans la vie quotidienne* (hors le travail et les vacances), pour faire ces n rencontres, dont une — ce que dit le principe de la *nième* — pourrait me permettre de trouver, et c'est naturellement une moyenne, un partenaire sexuel, il faut compter entre 6 et 12 mois.

❖ *Sur le lieu de travail*, pour faire ces n rencontres, dont une — ce que dit le principe de la *nième* — pourrait me permettre de trouver, et c'est naturellement une moyenne, un partenaire sexuel, il ne me faut plus que 3 à 4 mois.

❖ *Dans le cadre d'un club de vacances*, parce que celui-ci est déjà sélectif [les personnes en présence partagent des points communs (même club, même recherche d'évasion...)], d'une part, le principe de la *nième* devient, pour donner un ordre d'idée, principe de la *nième : 2* ; d'autre part, pour faire ces $n/2$ rencontres dont une en moyenne est porteuse d'une possibilité tout à fait établie de relation sexuelle, il ne me faut plus qu'une à 2 semaines.

❖ *Enfin, sur le Net*, où le tri est encore plus sélectif (chacun sait bien ce qu'il y cherche), d'une part, le principe devient, pour donner un ordre d'idée, principe de la *nième : 4* ; d'autre part, pour faire ces *n/4* rencontres, quelques soirées suffisent. C'est d'ailleurs ce même principe qui explique pourquoi, de façon très rationnelle parce que (tristement ou heureusement) statistique, le Net permet de potentialiser le nombre de rencontres, et donc le nombre de relations sexuelles qui pourront naître de ce qui ressemble beaucoup — au moins pour l'efficacité de la distribution — à un hypermarché du sexe.

Pour revenir sur le lieu de travail, où j'indique qu'il faut 3 à 4 mois pour établir *n* rencontres (pour ce qui suit, et de façon à simplifier, je parlerai de 3,5 mois), il faut bien préciser qu'il s'agit de *n* personnes en quelque sorte « nouvelles » avec qui j'établis ces rencontres. Celles-ci répondent à la définition que j'en ai donnée ci-dessus (sachant qu'une rencontre nouvelle pourra être à nouveau réactivée et pour ainsi dire « à nouveau nouvelle » si elle a été une première fois ou une deuxième fois... sans suite ; nous nous trouvons donc ici en présence d'un vivier qui s'accroît avec le temps). D'où la nécessité que le lieu de travail où j'exerce ma profession regroupe un nombre suffisamment important de personnes. Cette masse critique, ou « vivier critique » (là encore, l'expression n'est pas très belle mais elle dit bien ce qu'elle veut dire), j'ai pu l'établir entre 200 et 500. La forte différence s'explique par la densité de l'entourage professionnel, puis par la prise en compte de données comme le *turnover*, mais aussi comme la capacité ou non d'innovation de ces structures... — j'y reviendrai.

Si le travail se fait pour l'essentiel dans les bureaux (schéma classique du travail au sein des collectivités, des administrations et de beaucoup d'entreprises), les personnes seront amenées à se voir assez facilement, dans les couloirs, dans des réunions... Là encore, un nombre de 200, bien que certainement un peu faible (il faut plus sûrement l'élargir aux personnes en relation étroite avec la structure), peut correspondre à la bonne taille. En revanche, si le *turnover* est faible, si la densité de l'entourage professionnel est modeste, si de plus les personnes se trouvent, par exemple, sur un poste fixe — cas classique des postes de travail sur une chaîne de montage —, les occasions de rencontres seront nécessairement (beaucoup) plus faibles. Pour que la loi de Cupidon soit valide, il faut certainement bien plus de temps, et se trouver sur un site où travaillent au moins entre 500 et 1 000 personnes.

Plus simplement, et chacun le comprendra, il est nécessaire de disposer d'un certain choix. Par conséquent, il faut pouvoir à la fois trouver un nombre suffisamment important d'hommes et de femmes sur son lieu de travail, et développer une certaine connaissance avec nombre d'entre eux — ce qui ne signifie pas les connaître tous, mais avoir des liens privilégiés avec plusieurs équipes, services, départements ou directions.

Nous retrouverons tout au long de l'ouvrage ce nombre de 200, qui me sert d'exemple. Il me sert ici de seuil minimum pour la validité de la loi de Cupidon, mais il a également un autre sens : il correspond au nombre moyen de visages qu'il est possible de mémoriser avec une relative précision.

Pour les 200 personnes d'un site, je peux dire que :

❖ Je connais ce visage.

❖ Je sais dans quel service il ou elle travaille.

❖ Je connais à peu près sa position dans l'organigramme.

Pour seulement 120 à 150 personnes, je peux en outre indiquer immédiatement (sans prendre le temps de réfléchir) et sans risque de me tromper :

❖ Leur nom et leur prénom.

❖ Leur ancienneté, à deux ou trois années près pour les personnes qui sont arrivées après moi dans l'entreprise, et à cinq années près pour les personnes qui étaient déjà là lorsque j'ai été recruté.

Pour 50 à 80 personnes, je peux mentionner en plus, immédiatement et sans risque de me tromper :

❖ Les grandes étapes de leur évolution au sein de l'organisation.

❖ Quelques-uns des liens d'amitié professionnelle ou d'inimitié professionnelle qui les lient avec une ou plusieurs autres personnes de leur entourage professionnel — bref, je peux dire que je connais plusieurs détails de leur vie professionnelle.

Pour 20 à 30 personnes, je peux dire en outre, immédiatement et sans risque de me tromper, que je connais un nombre non négligeable de détails de leur vie privée. Enfin, pour 5 à 15 personnes, je peux dire que j'ai déjà été invité chez elles et/ou que je les ai déjà invitées chez moi.

Si je reprends mes trois exemples, et nonobstant l'hypothèse de l'exception dont je rappelle une fois encore qu'elle n'a pas été infirmée, nous pouvons considérer que pour la CCI — si l'ensemble des personnes est bien regroupé sur un même site — les résultats sont valides. (Remarquons, néanmoins, qu'une CCI est en général composée de plusieurs établissements ; *de facto*, si tel est le cas de la CCI prise en exemple, les résultats ne peuvent pas être considérés comme valides). Pour les unités du CNRS dont on sait qu'elles peuvent varier de quelques personnes (quelques hommes et quelques femmes seulement) à plusieurs dizaines de personnes, les résultats ne sont sans doute pas valides. Pour France Télécom, il convient de distinguer les unités qui comprennent quelques dizaines de personnes seulement des unités qui comprennent entre 200 et 1 500 personnes, voire davantage. Pour France Télécom, les chiffres annoncés ne sont alors au mieux valides que pour les unités qui comptent de 200 à 1 500 personnes.

Au-delà, mais cela reste à tester, les chiffres ne devraient pas trop varier pour les unités où les hommes et les femmes sont plus de 1 500. Il est clair, en revanche, que la loi de Cupidon ne peut pas être valide pour les unités de quelques personnes seulement. De même d'ailleurs pour les unités où la répartition entre les hommes et les femmes est très inégale. Ainsi des métiers et des environnements professionnels où l'on ne trouve pratiquement que des femmes (je pense à l'industrie du textile, aux crèches, aux assistantes maternelles, aux professeurs des écoles, à certains métiers artisanaux...) ; ou, bien sûr, que des hommes (je pense aux militaires, aux métiers du bâtiment et des travaux publics, aux métiers de la mer ou de la haute montagne...).

En l'occurrence, la possibilité de relations intimes sinon sexuelles avec des personnes de mon entourage professionnel — sans nier l'existence possible de relations homosexuelles — est naturellement bien plus faible.

Enfin, et tout autant, comme il convient de préserver une certaine intimité, il faut avoir des contacts avec un nombre suffisant de personnes sur son lieu de travail pour que se noue éventuellement un jour une relation à connotations intimes. C'est pourquoi, si le nombre d'hommes ou de femmes est inférieur à 200, la loi de Cupidon ne peut pas être considérée comme valide. Les effectifs inférieurs à 200 et présentés en annexe (table générale de la loi de Cupidon) sont donc là uniquement pour montrer ce que cela représenterait par comparaison, dès lors que la très grande majorité des presque 3 millions d'entreprises — c'est un peu moins vrai pour les collectivités et les administrations — (et plus encore si on descend à l'échelle du site) est constituée d'entités qui comptent le plus souvent moins de... 10 personnes.

Tableau 1. Le nombre d'entreprises par taille* (France entière)

Nombre de salariés	$0^{(1)}$	1 à $9^{(2)}$	10 à $499^{(3)}$	500 et $>^{(4)}$
Nombre d'entreprises	1 405 090	1 227 645	236 325	1 828
% d'entreprises	48,9	42,76	8,23	0,06

* Pour être précis, lorsque l'on parle de la taille d'une entreprise, on se réfère à la fois au critère du nombre de salariés (critère que je prends ici en considération) et au critère du chiffre d'affaires (critère dont je fais ici abstraction).
(1) L'entreprise compte une seule personne, le patron.
(2) TPE (très petites entreprises).
(3) Entreprises moyennes (entre 11 et 499 pour les PMI et entre 11 et 100 pour les PME).
(4) Grandes entreprises.
Source Insee — management.journaldunet.com

Pour revenir au concret des possibilités de rencontres sur le lieu de travail qui pourront se traduire par une relation intime sinon sexuelle, chacun comprendra que cela dépend aussi des circonstances de la vie : tout n'est pas toujours possible. Ainsi, si je suis tombé amoureux quelques jours seulement avant une rencontre qui aurait pu se traduire par quelque chose de l'ordre de l'intimité ou du sexuel, aveuglé encore par mon amour tout récent, je ne verrai rien de ce que, dans un autre moment de ma vie, j'aurais peut-être pu voir. Sans prendre un exemple aussi extrême, de façon plus générale, chez les personnes qui se rencontrent et qui pourraient construire quelque chose de l'ordre de l'intimité sinon du sexuel, il s'en trouve souvent au moins une qui n'a pas du tout la disponibilité d'esprit pour seulement même y penser.

Là où tout cela bascule et peut se concrétiser, c'est bien lorsque les personnes qui se rencontrent sont, sans le savoir toujours d'ailleurs, à la recherche de quelque chose qui, ne référant pas nécessairement au seul rapport sexuel, y réfère aussi. Ainsi, il n'est pas nécessaire de chercher chez chacun et chacune d'entre nous des problèmes dans notre vie personnelle — un moment de flottement dans notre vie de couple, une dispute, l'ennui plus simplement, un besoin d'aller voir ailleurs…, ou, comme je le développe ci-après, un besoin de construire quelque chose avec une personne de son entourage professionnel, un quelque chose qui dépasse le seul travail où, au quotidien je bataille à ses côtés : ces problèmes et désirs aussi, comme je pourrais le montrer, s'ils sont des facteurs facilitants, ne sont jamais des facteurs déclenchants. Par le temps passé sur le lieu de travail, par le nombre de contacts et d'occurrences de rencontres que je me procure chaque jour, il est possible que des relations affectives et/ou intimes puissent se nouer, certaines d'entre elles pouvant se traduire par des relations sexuelles.

La sexualité sur le lieu de travail peut prendre moult chemins détournés : il faut bien que les rapports en puissance, qui ne peuvent pas déboucher sur l'acte sexuel parce que ce n'est pas le moment pour au moins une des personnes qui en rencontre une autre, puissent néanmoins s'exprimer. Cependant, la sexualité peut également se réaliser de façon tout à fait classique. Et c'est bien cela que montre et que mesure la loi de Cupidon.

Ainsi, et toujours pour poursuivre sur le lieu de travail, si je dis que chaque trimestre (plus exactement entre 3 et 4 mois, comme nous l'avons vu) je peux faire mes n rencontres nécessaires ; si je croise cela avec la loi de Cupidon, selon laquelle je vais avoir un partenaire sexuel parmi mes relations de travail tous les 7 ans d'ancienneté, cela signifie que, potentiellement, avant d'être passé à l'acte, j'ai fait un certain nombre de rencontres — environ $[n \times (7 \times 12) : 3{,}5]$ — mais non transformées. Ces rencontres pouvant dépendre, comme nous l'avons vu, de mon travail même. Une fois encore, si je reste 8 heures par jour sur un poste fixe, il me faudra beaucoup plus de 3 mois pour construire mes n rencontres et connaître une première possibilité de construire quelque chose avec une personne qui pourrait devenir un partenaire sexuel. Pour tout dire, en ce cas, on se trouve davantage dans la position de la personne qui est dans sa voiture et qui ne fait jamais, ou presque jamais, de rencontre.

A contrario, si je suis dans une position de manager, de responsable des ressources humaines, de dirigeant, de formateur, de consultant, de délégué syndical, à l'accueil, bref, dans une position où il m'est donné de croiser un maximum de personnes de mon entourage professionnel, les potentialités deviennent très supérieures. On peut alors évaluer qu'il ne me faut plus 3,5 mois mais, plus vraisemblablement, une période plus proche des 2 mois.

Autrement dit, après 7 ans d'ancienneté, si la loi de Cupidon me dit que j'aurais eu au moins un partenaire sexuel, et le principe de la *nième* que j'aurais pu développer un certain nombre de rencontres [$n \times (7 \times 12) : 2$], il y a fort à parier que j'aurais peut-être eu plus d'un partenaire sexuel.

D'où cette évidence : de même que nous ne sommes pas tous égaux devant la loi, nous ne sommes pas tous égaux devant la loi de Cupidon. Ce que cette même loi précise au demeurant, et ce que nous développons dans le chapitre qui suit : on peut estimer que 80 % des relations intimes sinon sexuelles sur le lieu de travail sont le fait de seulement 40 % des individus.

Deuxième principe

Plus on est placé haut, plus on séduit bas

Ce principe qui précise la loi de Cupidon veut que 80 % des relations intimes qui se nouent sur le lieu de travail soient le fait des 40 % de personnes qui possèdent le pouvoir — que ce pouvoir soit formel ou informel.

Autant le dire tout de suite, lorsque j'ai énoncé ce principe à Hugo et Clara, comme pour le principe de la *nième*, je ne leur ai rien appris qu'ils ne sachent déjà. Simplement, là, cela ne leur faisait pas plaisir. Toujours ma froideur à regarder les seuls faits, comme ils me le reprochèrent. Comme jadis lorsque nous bataillions pour rendre notre analyse d'un cas de management, je savais que j'avais vu juste. Leur réticence venait des sentiments qu'ils éprouvaient à la lecture des données, non de la rigueur de leur analyse.

Ce principe, comme je l'énonçais en introduction, et comme presque tout ce que j'ai écrit dans cet ouvrage, ne fait jamais que réveiller du « déjà su ». Mais si chacun sait en effet, comme Hugo et Clara, que les relations formelles au travail sont fortement marquées par les liens hiérarchiques, beaucoup, comme mes deux amis, n'acceptent pas immédiatement cette idée selon laquelle les relations hiérarchiques incluent dans leur essence même la dimension de soumission et de domination et donc, *de facto*, quelque chose qui est de l'ordre du sexuel.

Comme j'échouais ce soir-là à convaincre Hugo et Clara de ce qui pour moi était une évidence, je me promettais, sans pour autant remonter aux *Études de mœurs* de Balzac — que je connaissais pourtant presque par cœur, pour avoir publié, voilà plus de dix ans, un ouvrage qui montrait en quoi le management avait à apprendre de la lecture de l'œuvre de Balzac (*La Comédie du management*, L'Harmattan, 1996 ; en référence, bien évidemment, à *La Comédie humaine*) —, à la fois de rechercher un texte d'André Green et de reprendre une étude tout à fait éclairante réalisée par Stefan Lievens et Tine Hens. Cette étude, dont j'ai déjà fait mention plus haut, est reprise par plusieurs sites, parmi lesquels guido.be.

Je retrouvais le texte d'André Green dans son ouvrage lumineux, *La Causalité psychique, entre nature et culture* (Odile Jacob, 1995). De tout temps, écrit André Green, la sexualité a été présente en creux des relations hiérarchiques. Déjà au temps des rois et de leurs sujets, déjà entre le maître et l'esclave, la sexualité nourrissait les relations. *« Le plus ancien poème écrit en Babylonie il y a plus de trente-cinq siècles — l'Irak actuel —, rappelle André Green, conte l'histoire d'Enkidu, le serviteur, [qui] n'a droit qu'à la courtisane et Gilgamesh, le maître, [qui a droit] à toute mariée. »*

L'étude de Stefan Lievens et Tine Hens, quant à elle, montre qu'aux États-Unis, parmi les femmes qui indiquent avoir déjà eu une aventure avec une personne sur leur lieu de travail, c'est, pour la moitié d'entre elles, avec leur patron.

De même, mais plus près de nous cette fois, chacun a pu en de nombreuses occasions observer certains des effets de la position hiérarchique et/ou du libellé de la fonction. Il suffit pour cela de se rappeler quelques images qui, j'en suis sûr, sont connues de tous. Ainsi au restaurant, qui n'a pas remarqué deux personnes discutant et compris immédiatement laquelle était en position de force (accepter ou refuser) et laquelle était là pour vendre ou obtenir quelque chose ? Qui n'a jamais observé dans un couloir la manière dont les collaborateurs s'adressent au dirigeant ? Je ne parle pas du plan de table lorsque sont réunis patron et conseillers. Le patron en ce cas n'est jamais assis au hasard. Chacun se conforme bien à une position — celle qu'il ou elle occupe — par rapport à une autre position — celle occupée par son interlocuteur ou interlocutrice (incidemment, si cette question vous intéresse, et que vous souhaitiez aller plus loin, je ne saurai trop vous conseiller de vous référer à l'ouvrage de Jacques-Antoine Malarewicz, *Systémique et entreprise*, Village Mondial, 2005). De même, si vous n'y avez encore jamais prêté attention, regardez bien la prochaine fois quand, dans un escalier, vous verrez un chef et un subordonné se croiser. Jamais, comme vous le constaterez alors, celui qui dirige ne parle sur une marche située plus bas que la marche où se trouve le collaborateur. En revanche, et comme vous en ferez le constat, c'est sans doute tout à fait inconsciemment que le collaborateur, le plus souvent, va se situer sur une marche inférieure, comme s'il allait jusqu'à s'interdire de se mettre à la même hauteur que son chef pour lui parler. Semblablement, les petits jeux de flatterie ne se font que de collaborateurs à leurs supérieurs hiérarchiques. J'ai même vu des collaborateurs tellement empressés auprès de leur patron que c'est à peine s'ils ne les aidaient pas à manger, allant jusqu'à demander si la nourriture servie n'était pas trop chaude. Et si jamais le patron venait à éternuer et se trouvait en manque de mouchoir ? Comme cela m'a été rapporté, il est de véritables courses entre collaborateurs pour savoir qui, parmi eux, arrivera le premier avec le précieux petit carré blanc. Enfin, et parce que nous y cotisons tous, qui peut dire qu'il n'a jamais ressenti un petit pincement au cœur quand, avec d'autres collègues, il voit son patron arriver, serrer machinalement les mains et omettre de serrer la vôtre ? Qui n'a pas alors été jusqu'à penser qu'il ou elle était peut-être entré(e) en disgrâce (un peu, finalement, et n'est-ce pas d'ailleurs le même vocabulaire, comme une épouse peut se sentir délaissée, voire répudiée…) ? *A contrario*, qui parmi vous ne s'est pas senti pousser des ailes lorsque, dans un discours, le chef a fait mention de votre nom, et parfois même à plusieurs reprises, pour — cerise sur le gâteau de votre narcissisme —, louer votre action… ?

———•◦•———

Ce deuxième principe, qui mesure le lien étroit qui unit pouvoir et sexualité, précise simplement et à quelle hauteur (là réside le véritable apport de ce principe) et selon quel degré de puissance — à entendre selon quel degré de pouvoir dans l'environnement professionnel —, je vais trouver, sur le lieu de travail, des partenaires avec qui il va être possible de construire des relations à connotations intimes, sinon sexuelles.

———»·«———

Avant de poursuivre et de préciser la mesure de ce lien, je rappelle que le pouvoir peut être formel ou informel. Dans le premier cas, je pense à un cadre, un chef d'équipe, un manager, un dirigeant, mais aussi à un délégué syndical... Dans le second cas, je ne pense pas ici à l'autorité naturelle, au charisme de telle ou telle personne, qui certes serait à prendre en compte mais qui à ce jour est très difficile à mesurer, mais au pouvoir que confère l'intitulé d'un poste : par exemple « responsable de... » ; « coordonnateur... » ; « chargé de mission... », quand bien même ces individus n'auraient personne sous leur responsabilité... Dans les entreprises, dans les sociétés, dans les collectivités territoriales, dans les administrations, on peut établir à environ 40 % le nombre de personnes qui ont du pouvoir (formel et/ou informel). Naturellement, il existe une très grande variabilité à l'intérieur même des entreprises, des sociétés... comme il existe des différences très fortes si l'on compare les entreprises aux administrations...

Pour revenir à notre principe, celui-ci précise que 80 % des relations intimes sinon sexuelles sur le lieu de travail sont le fait de 40 % des personnes. De même, et par différence, ce principe indique que 60 % des personnes sur un même lieu de travail ne se partageront que (c'est là évidemment une façon de parler) 20 % des relations intimes sinon sexuelles. Un peu comme pour la distribution des bénéfices, là encore nous ne sommes pas tous logés à la même enseigne !

Plus précisément, comme je le montre avec la table 2 (*cf.* ci-après), avoir ou non du pouvoir dans un environnement professionnel change les choses... du tout au tout.

Table 2. Table de calcul du nombre de partenaires sexuels et de relations intimes par personne en fonction du pouvoir (formel et/ou informel) qu'elle possède et des années d'ancienneté

Ancienneté moyenne (par année) dans l'entreprise, l'industrie, la société, la collectivité ou l'administration	Nombre moyen de partenaires sexuels par personne possédant un pouvoir formel et/ou informel (partenaires qui appartiennent au même entourage professionnel)	Nombre moyen de partenaires sexuels par personne ne possédant pas de pouvoir spécifique formel et/ou informel (partenaires qui appartiennent au même entourage professionnel)
1	0,28	0,05
2	0,57	0,09
3	0,86	0,14
4	1,14	0,19
5	1,43	0,24
6	1,71	0,28
7	2,00	0,33
8	2,29	0,38
9	2,57	0,43
10	2,86	0,48
11	3,14	0,52
12	3,43	0,57
13	3,71	0,62
14	4,00	0,67
15	4,28	0,71
16	4,57	0,76
17	4,86	0,81
18	5,14	0,86
19	5,43	0,90
20	5,71	0,95
21	6,00	1,00
	Zone de validité de la loi la plus forte	

La lecture de cette table est tout aussi simple que la lecture de la première table. Soit par exemple la ligne 7, reproduite ci-dessous :

7	2,00	0,33

La lecture est celle-ci : pour une personne qui a du pouvoir (formel et/ou informel) et qui comptabilise 7 années d'ancienneté, la loi de Cupidon indique qu'elle doit avoir eu (c'est toujours une moyenne) 2 partenaires sexuels différents parmi les personnes de son entourage professionnel, là où seulement 1 personne sur 3 ne possédant pas de pouvoir (formel ni/ou informel) aura eu en moyenne 1 seul partenaire sexuel parmi les personnes de son entourage professionnel.

De même pour une personne qui comptabilise 11 ans d'ancienneté, la ligne correspondante nous donne :

11	3,14	0,52

La lecture est celle-ci : pour une personne qui a du pouvoir (formel et/ou informel) et qui comptabilise 11 années d'ancienneté, la loi de Cupidon indique qu'elle doit avoir eu (c'est toujours évidemment une moyenne) au moins 3 partenaires sexuels différents parmi les personnes de son entourage professionnel, là où seulement 1 personne sur 2 ne possédant pas de pouvoir (formel ni/ou informel) aura eu en moyenne 1 seul partenaire sexuel parmi les personnes de son entourage professionnel.

Pour qu'en moyenne 1 personne ne possédant pas de pouvoir (formel ni/ou informel) puisse avoir au moins

1 partenaire sexuel, il faudrait théoriquement que celle-ci puisse comptabiliser... 21 ans d'ancienneté.

Si nous reprenons nos trois exemples initiaux (une CCI, le CNRS et France Télécom), cela signifierait que :

❖ Pour la CCI : sur les 502 collaborateurs (hors, comme nous l'avons vu, la prise en compte de l'éclatement sur plusieurs établissements), 201 ont eu (ou ont) en moyenne entre 2 et 3 partenaires sexuels différents parmi les personnes de leur entourage professionnel (2,45 exactement) ; et sur les 301 collaborateurs restants, seul nettement moins de 1 sur 2 (0,40 exactement) a eu (ou a) en moyenne 1 partenaire sexuel parmi les personnes de son entourage professionnel.

❖ Pour le CNRS : sur les 26 136 personnes (hors, comme nous l'avons vu, la prise en compte de l'éclatement sur des dizaines de sites), 10 454 ont eu (ou ont) en moyenne entre 4 et 5 partenaires sexuels différents parmi les personnes de leur entourage professionnel (4,73 exactement) ; et sur les 15 682 personnes restantes, seule un peu moins de 1 sur 2 (0,78 exactement) a eu (ou a) en moyenne 1 partenaire sexuel parmi les personnes de son entourage professionnel.

❖ Pour France Télécom : sur les 106 092 personnes (or, comme nous l'avons vu, la prise en compte de l'éclatement sur des dizaines de sites), 42 437 ont eu (ou ont) en moyenne entre 5 et 6 partenaires sexuels différents parmi les personnes de leur entourage professionnel (5,88 exactement) ; et sur les 63 655 personnes restantes, chaque personne ou presque (0,98 exactement) a eu (ou a) en moyenne 1 partenaire sexuel parmi les personnes de son entourage professionnel.

Une fois encore, nous trouvons là des chiffres qui donnent le vertige... Nonobstant le principe de précaution, déjà souligné, qui n'est autre que celui de l'exception — nous l'avons indiqué, peut-être ne s'est-il jamais rien passé ni à la CCI ni au CNRS ni à France Télécom —, dès lors que l'on se rappelle que cela dépend bien de l'ancienneté, tout semble plus relatif. Néanmoins, nous l'avons vu, comme la loi de Cupidon est tout particulièrement valide pour les entités qui comprennent entre 200 et 1 500 collaborateurs, elle est tout particulièrement valide pour les anciennetés moyennes comprises entre 2 et 12 ans. Comme il faut un peu de temps pour développer des contacts et, au-delà, des occurrences de rencontres (*cf.* Principe de la *nième*), et un peu de temps pour être sous l'emprise de la séduction des personnes qui possèdent du pouvoir — ou comprendre ce que le pouvoir vous confère de plus-value pour séduire —, il apparaît, au-delà de 12 ans, que l'on doit assister à un fléchissement du nombre de relations à connotations intimes ou sexuelles sur le lieu de travail. Pour rappel, dans la table générale de la loi de Cupidon que je donne en annexe, j'ai donc représenté en grisé les zones de validité les plus fortes de la loi.

Petit lexique et histoires vraies

Harcèlement sexuel

J'entends le harcèlement sexuel dans sa définition la plus rigoureuse, à savoir dictée par le droit : juridiquement, il y a harcèlement sexuel lorsqu'une personne fait subir à un salarié, ou à un candidat à l'embauche, des contraintes ou des pressions en vue d'obtenir des faveurs de nature sexuelle (source : infotravail.com). Cela ne veut pas dire qu'il n'existe pas des formes plus souterraines, comme parfois, et pour exemple, dans la relation que je décris ci-dessous entre le manager et sa secrétaire. Le harcèlement sexuel est évidemment un sujet délicat, comme le montre, pour certains de ses aspects du moins, le film de Barry Levinson, *Harcèlement*. Il n'en demeure pas moins que, s'il peut être aussi et malheureusement observé dans les environnements professionnels — et il doit être entendu que c'est à cette seule fin que j'en parle ici, justement pour que tout soit bien clair —, il n'entre en aucune façon dans le cadre de ce travail.

Harem

Comme nous le verrons avec la promotion canapé, qui peut être pensée dès le recrutement, ce que j'appelle le harem, c'est lorsque, volontairement (même si ici, comme souvent, l'inconscient peut avoir bon dos), une personne en position de recruter d'autres personnes pour son service va recruter un même profil. Ainsi de cette femme manager et homosexuelle qui travaillait au sein d'un département d'une grande chaîne de télévision franco-allemande : tout le temps où elle a dirigé ce département (en charge de la gestion des stocks, le travail consistant à visionner les programmes avant diffusion pour les vérifier), elle n'a recruté presque exclusivement que des femmes homosexuelles.

Attention, par harem, je n'entends pas que la personne va nouer des relations intimes ou sexuelles avec chacune des personnes de son entourage professionnel. En revanche, elle sait qu'elle le peut, exactement comme dans le cas des vrais harems. Tout autant, sous une autre forme encore, qui relève clairement non plus de la pensée mais de l'action, il y a harem quand, comme dans cette société de publicité, l'un des dirigeants se fait un point d'honneur à développer des relations sexuelles avec chacune de ses collaboratrices.

D'autres cas de harems, plus classiques ceux-là, peuvent aussi être observés. Par exemple lorsqu'un homme, là encore en position de diriger et de recruter les personnes de son équipe, va s'ingénier à recruter uniquement des femmes répondant à certains critères : taille, couleur des cheveux, âge, situation familiale... Je pense à ce qui s'est déroulé au sein, cette fois, d'une très grande chaîne de télévision généraliste — mais c'est là une coïncidence, car cela se produit évidemment et aussi en dehors du champ de l'audiovisuel. La raison invoquée en l'occurrence était qu'il est plus facile de diriger des femmes que des hommes. Il va de soi et il y a fort à parier que les vraies raisons n'étaient peut-être pas seulement celles invoquées.

Promotion canapé

Ce qu'il faut bien comprendre, c'est que pour qu'il y ait relation, il faut être deux. Si c'est souvent la personne qui possède le pouvoir qui en use, et parfois en abuse, pour parvenir à ses fins, ce peut aussi être l'autre personne qui essaye volontairement de séduire son supérieur ou sa supérieure hiérarchique pour en tirer un certain nombre de bénéfices et, notamment, parce que ce sont souvent les plus visibles, en termes de carrière. Aussi la responsabilité de ce grand classique qu'est la promotion canapé — dont le film éponyme de Didier Kaminka, *Promotion canapé*, est un bon exemple — n'est-elle pas facile à mesurer.

Ce qui est certain, en revanche, c'est que la promotion canapé peut commencer dès le recrutement. Il y a bien une part de séduction physique dont joue la personne qui souhaite être recrutée. Quant au manager, et pour prendre le cas classique que je retiens ci-dessous, s'il s'agit d'un manager qui recrute une secrétaire (pour ne pas dire *sa* secrétaire, ce qui est déjà tout un programme), je peux affirmer que dans au moins 8 cas sur 10, le critère numéro un n'a rien à voir avec les qualités professionnelles. Seul importe le physique ! Après, naturellement, si la personne possède les qualités professionnelles demandées, c'est mieux. Le manager, en effet, parce qu'il est sensible à l'image qu'il donne de lui-même peut se sentir plus fort — j'allais écrire plus puissant — si sa secrétaire est jolie.

Parmi les promotions canapé que j'ai pu observer, les plus honnêtes sont celles où, finalement, il n'y avait pas ce que je pourrais appeler « tromperie sur la marchandise ». Ce que promettait ce directeur général, si ses collaboratrices tombaient dans ses filets pour finir dans son lit, c'était bien de vrais postes. Et comme tous les postes nécessaires de son entreprise existaient déjà et étaient pourvus par des directeurs à qui on ne pouvait pas reprocher grand-chose, ce directeur général n'a pas hésité à créer coup sur coup deux postes de direction aussi inutiles que prestigieux. Si j'ai oublié le premier, le deuxième était ainsi libellé : Directrice du Journal Interne de Ladite société. Autant vous dire que jamais direction n'a compté aussi peu de personnes, et jamais direction n'a été aussi inutile. Qu'importe, le directeur général était heureux. Les autres directeurs, effrayés de voir à leur côté, lors des comités de direction, deux nouvelles directrices qui n'apportaient pas de vraies valeurs ajoutées mais coûtaient cher à la société, se sont peut-être consolés en se disant, qu'après tout, c'était sans doute là le prix à payer pour que le directeur général retrouve une certaine sérénité.

Secrétaires et managers

Si l'histoire de la secrétaire et du manager n'est pas aussi vieille que le monde, elle date tout de même et très précisément du jour où, pour la première fois, un homme a recruté une femme pour l'aider dans son travail au quotidien.

Naturellement, plusieurs profils de managers existent. Aussi l'exemple pris ici doit-il rester ce qu'il est, à savoir un exemple et rien d'autre. Je vous demande donc de vous persuader que toute ressemblance avec des personnes existantes ou ayant existé n'est que pure coïncidence, comme on dit communément... même si l'en-tête de cette partie est intitulé « (Petit lexique et) histoires vraies ». Alors reprenons et imaginons ce manager improbable qui, chaque jour, va traiter plus durement sa secrétaire. En lieu et place des règles de civilité, la pauvre ne reçoit que des ordres et des contrordres qui, lorsque cela se passe devant des tiers, la font vraiment passer pour moins que rien. J'en ai vu qui étaient réduites au rôle de soubrette : leur fonction ne consistait plus alors qu'à faire le café et à le servir, a commander des fleurs pour elles ne savaient plus quelle conquête à venir ou déjà délaissée, et même... à s'occuper du linge. Après, cela dépend beaucoup de la secrétaire. Si celle-ci ne marque pas son territoire, à savoir ce qui est tolérable et ce qui ne l'est pas, en acceptant d'être méprisée et de n'être finalement qu'un physique, elle ne fait qu'augmenter encore ce mépris. Le mépris visible dans la manière dont un manager peut parler de sa secrétaire trouve son aboutissement dans l'acte sexuel — comme ce chef d'entreprise qui, devant sa secrétaire et ses collaborateurs, parla d'elle en ces termes : « *Je l'ai dépoussiérée* » (tout un programme)...

Bien sûr, nous connaissons tous des cadres, des dirigeants, qui ont épousé leur secrétaire. Mais si l'on excepte l'histoire d'amour véritable, en acceptant, même du bout des lèvres, cette relation, la secrétaire fait le lit de son licenciement ou changement de poste ultérieur. Il faut comprendre en effet que le manager ne va pas supporter longtemps le regard de celle qui connaît une vérité intime : la véritable puissance sexuelle du manager. Le plus souvent, cette vérité intime n'est en rien déshonorante — même si le manager, comme je l'ai montré dans mon premier ouvrage publié, *Psychanalyse, sexualité et management*, L'Harmattan, 1995, se révèle le plus souvent un homme qui a davantage besoin d'une mère pour le consoler que d'une femme à aimer. Cependant, sans en faire un impuissant, cette vérité intime est insupportable pour le manager. Celui-ci ne peut ignorer qu'entre ce qu'il a donné à voir, et la représentation qu'il a de lui-même — laquelle repose sur des indices très discutables, comme le nombre de fenêtres ou l'étage où se trouve son bureau —, ce que son discours laissait d'ailleurs augurer, il y a une marge.

Il faut retenir que tant que la relation sexuelle entre le manager et sa secrétaire perdure, le travail au quotidien peut continuer à se faire. Le jour où cela se termine, il devient difficilement supportable pour le manager de continuer à voir en face de lui celle qui « sait ». Le plus souvent, sous couvert d'un motif plus ou moins artificiel, il ne va pas hésiter à la licencier. Mieux, il peut aussi faire en sorte de lui rendre la vie professionnelle si impossible

— et il sait y faire alors — que la secrétaire, lorsqu'elle n'est pas jetée en pâture à la vindicte des autres personnes de l'organisation comme semeuse de désordre, n'a pas beaucoup d'autres choix que de partir.

Tableau de chasse

Dans la droite ligne de la secrétaire et de son manager, certains managers se font comme un point d'honneur de multiplier les secrétaires et donc les aventures. Parmi toutes les situations auxquelles il m'a été donné d'assister en qualité de témoin ou qui m'ont été rapportées — presque toujours alors par les intéressés eux-mêmes —, la plus représentative est celle de ce patron d'unité d'un grand constructeur automobile qui, régulièrement, séduisait ses assistantes pour les mettre dans son lit. Celles-ci, sans doute entre autres choses, partageaient le point commun d'être brunes. Or, l'un des caprices de ce patron était — comme on peut faire des encoches sur son couteau pour montrer au monde combien de fois il a servi — d'exiger d'elles qu'après être passées dans son lit elles se teignent en blonde. Ainsi, les salariés de son unité savaient, presque en temps réel, quand (à défaut de comment) leur patron était arrivé à ses fins.

Autre version du tableau de chasse, la compétition que peuvent se livrer des directeurs pour savoir lequel d'entre eux développera le plus de relations sexuelles avec les employées, et ce sans scrupule aucun pour leur propre vie de famille, d'ailleurs connue des autres directeurs — les uns s'invitant régulièrement chez les autres. J'ai vu cela pousser à un point quasi olympique à au moins deux reprises. Une fois dans un cabinet d'*outplacement*, une autre fois au sein d'un conseil général. Les similitudes étaient frappantes. Il existait une sorte d'accord tacite fondé sur la règle, bien connue des enfants, du « chacun son tour ». Chacun à leur tour, les directeurs avaient le droit, en premier, de tenter leur chance avec une nouvelle recrue. Autre similitude, si l'un d'eux l'emportait, il laissait un peu de sa part à qui voudrait bien s'en consoler au prix alors de ne passer qu'après. Enfin, dernière similitude, et non la moindre, à la fois dans le cabinet d'*outplacement* et au conseil général, les directeurs s'organisaient toujours pour laisser gagner plus souvent qu'à son tour leur propre patron — parce que même entre directeurs il existe toujours une hiérarchie. Autant dire que l'avenir de ces femmes dans l'organisation, après être passées dans les mains des directeurs, était des plus précaires. Aucune, bien évidemment, n'a jamais dépassé le cap de la période d'essai. Une période d'essai qui, pour le coup, n'a jamais aussi bien mérité son nom.

L'organisation scientifique de la confusion

Les entreprises, sociétés, administrations et collectivités, sous couvert de vouloir le bien des hommes et des femmes qui travaillent pour elles, organisent volontairement la confusion entre vie privée et vie professionnelle.

Hugo n'était pas présent le jour où j'étais passé, comme je le faisais au moins une fois par mois pour leur parler de mes avancées. Je travaillais alors à préciser une idée que j'avais développée pour la première fois dans un livre écrit avec Dominique Michalon, *L'Entreprise sans la psychologie* (Maxima-Laurent du Mesnil Éditeur, 1997). Je mettais alors en garde les managers qui veulent à tout prix créer des relations affectives avec les hommes et les femmes de leurs équipes pour ensuite, même s'ils s'en défendent, manager par l'affectif. Cet ouvrage était né du constat que j'avais pu faire dans les différentes entreprises et industries où j'intervenais alors en tant que directeur de projet : il n'était pas une fois où je n'avais pas été témoin des dégâts que le management par l'affectif pouvait occasionner. Car si l'affectif peut être un élément facilitant lorsque tout va bien, comme l'a montré, le premier, Didier Cristiani, aujourd'hui directeur général de Nomesis, il est clair qu'en cas de conflit, il n'y a plus de possibilité d'arbitrer, de décider, voire de sanctionner avec la sérénité que requiert pourtant ce type de situation. Pour vous en convaincre, imaginez que vous deviez sanctionner un collaborateur qui a fait une faute lourde et qui, dans le même temps, se trouve être votre meilleur ami. Vous comprenez et mesurez tout de suite la complexité de la situation dans laquelle vous seriez pris.

Naturellement, comme je l'expliquais à Clara, il ne s'agit pas ici de dire qu'il ne faut pas nouer des relations d'amitié sur le lieu de travail (et je ne parle pas là des relations intimes sinon sexuelles), car certaines relations vont naître naturellement. Ce que je dis, c'est qu'il ne faut pas vouloir créer (qui plus est de façon artificielle) de l'affectif pour penser que ce sera plus facile de diriger. Bien au contraire ! De sorte que, s'il n'y avait qu'une règle à retenir dans le domaine du management, ce serait celle-ci : il faut essayer de travailler avec les hommes et les femmes pour ce qu'ils font et non pour ce qu'ils sont. Cette règle ne va pas de soi. Il existe ainsi toute une littérature qui vante ce que j'ai appelé, ci-dessus, le management par l'affectif.

Il me semble pourtant que l'application de cette règle est précisément ce qui va permettre à l'entreprise, l'administration, la société ou la collectivité de progresser. En acceptant de travailler avec les autres pour ce qu'ils font et non pour ce qu'ils sont, il y a, pour reprendre les termes de Didier Cristiani, de la place pour la critique (au sens le plus positif) des idées et des arguments des uns ou des autres ; des uns ou des autres qui, justement, vont être capables d'entendre cette critique parce que celle-ci ne s'adresse pas à eux en tant que personnes mais demeure ciblée sur les seuls arguments et idées. Aussi, à partir de là, vont-ils pouvoir développer d'autres idées, critiquer à leur tour... Comme le montrent dans un autre contexte les travaux de Karl Popper (*La Connaissance objective*, Aubier, 1991), c'est toute l'entreprise alors qui va bénéficier de ce travail en commun et progresser. Au-delà, et tout aussi précisément, cette règle fait bien la part des choses entre les relations d'ordre professionnel et les relations d'ordre privé. Comme le résume Didier Cristiani, si dans la vie professionnelle on travaille ensemble pour ce qu'on fait, dans la vie privée on est ensemble pour ce qu'on est.

Si être ensemble dans la vie pour ce qu'on est plaisait bien à la représentation que Clara avait de sa relation avec Hugo, c'est tout de même elle qui me fit remarquer, avec un léger trouble que je ne devais m'expliquer que plus tard que, de même qu'il peut exister une confusion dans la vie professionnelle, il peut y avoir une confusion dans la vie privée. Ainsi, pour Clara, il semblait établi que des personnes pouvaient se mettre avec d'autres personnes peut-être aussi pour ce qu'elles faisaient et non seulement pour ce qu'elles étaient.

Je marquai mon accord et oubliai presque aussi vite son léger trouble, sur lequel je reviendrai à la fin de cet ouvrage. Je lui parlai ensuite de la difficulté pour les cadres et dirigeants qui, bien qu'en harmonie avec le bon sens de cette règle, éprouvent encore des difficultés à la mettre en application (sans vouloir m'avancer, il me semblait, même si je n'en avais jamais parlé avec eux, que Hugo et Clara étaient un peu dans ce cas-là). Et je poursuivis sur ce que j'observais aujourd'hui sur le lieu de travail, où tout semble mis en œuvre pour qu'il y ait de la place pour les relations et problèmes personnels.

Ainsi, dans leur désir de bien faire, les entreprises — qui en ont les moyens — proposent aujourd'hui à leurs employés des services de plus en plus nombreux. Cela va de la crèche au pressing, en passant par le salon de relaxation, les courses livrées directement dans le coffre de leur véhicule... Comme l'écrit Arnaud Bouillin (« Le mélange des genres », *L'Express*, 30 avril 2003), de nombreux chefs d'entreprise et directeurs des ressources humaines (DRH), vont même jusqu'à penser que cet échange de bons procédés constitue désormais l'alpha et l'oméga de toute politique de recrutement.

Si je ne conteste pas que cela puisse rendre service, il ne faut pas perdre de vue que, poussés à l'excès, ces procédés participent aussi à l'organisation effective de la confusion entre vie professionnelle et vie privée ; et, à terme, à la mise en danger des personnes. En effet, il me semble que rendre les personnes disponibles, peut être plus que de raison, pour leur employeur, peut conduire, sans aller jusqu'à parler de déresponsabilisation, à les mettre en danger. Parce que celles-ci, qui plus est, donnent à voir de leurs difficultés éventuelles avec leurs enfants, de leurs goûts et dépenses (choix et montant)..., voire même et sans jeux de mots, de leur linge sale ; un linge sale qui n'est plus désormais lavé en famille mais, comme c'est parfois le cas aujourd'hui, sur le lieu de travail.

Pour éviter cet écueil, je préconise, lorsque c'est possible du moins, et cela va à l'encontre de bien des croyances, de travailler sur l'aménagement du temps de travail. Exactement comme le font les laboratoires Boiron, par exemple, ce que rapporte Arnaud Bouillin dans l'article cité. Dans cette même dynamique, on pourrait aussi inclure, ce que je trouve d'ailleurs très intéressant, le télétravail. De nombreux auteurs l'ont souligné, la frontière entre la vie privée et la vie professionnelle est aujourd'hui extrêmement ténue puisque le lieu de travail ne répond plus de façon claire à deux des critères qui l'ont longtemps défini : outre bien sûr l'activité même qui y est développée, le temps et l'espace.

Plus insidieux, l'entreprise, la société, l'administration ou la collectivité favorisent le développement de relations informelles et extraprofessionnelles sur le lieu de travail. Ainsi de la multiplication des différents pots, à l'occasion d'un anniversaire, d'un événement, d'une réussite, d'un départ ou d'une arrivée... Ainsi parfois des soirées, sans parler des séminaires en résidentiel où, au-delà du travail, des plages de détente (visites, temps libre...) sont officiellement réservées. Ainsi encore des événements qui marquent le lancement d'une nouvelle saison (je pense ici à la présentation des nouvelles grilles de programmes par les différentes chaînes de télévision, mais aussi, de façon plus classique, au lancement de différentes collections). Ainsi, toujours, de ces journées de rencontres dans un cadre en général plutôt agréable : il peut se situer à la montagne, et c'est alors, ce qui me semble tout à fait raisonnable, une journée de ski ou d'activités appelées parfois « Olympiades » — airboard, sculpture sur neige... — ou, ce qui me paraît beaucoup plus discutable bien qu'extrêmement séduisant, dans une île de l'océan Indien, comme ces journées organisées par l'entreprise d'un célèbre fabricant de lunettes.

Là où il y a action et prise en otage, du moins confiscation, d'une part de la vie privée, c'est lorsque cela prend du temps sur un temps qui, lui, ne devrait pas être consacré au travail ; un temps qui met en présence des hommes et des femmes dégagés de tous les problèmes du quotidien (les enfants, les relations avec les beaux-parents, les difficultés de voisinage, les traites à payer, le ménage à faire…) et, même, dégagés de leur conjoint(e). C'est là que nous comprenons mieux peut-être encore pourquoi le lieu de travail (et ses différents éclatements, notamment ludiques) permet de maximiser le nombre de rencontres, comme nous avons pu le voir avec le principe de la *nième*.

J'ai pu observer de nombreux exemples absolument édifiants de confiscation de la vie privée des salariés par un manager, comme ce dirigeant qui multipliait les séminaires en résidentiel avec nuit à l'extérieur dans un site où, curieusement, il y avait toujours un problème de chambre (vous l'avez compris, la ficelle était pourtant énorme : il en manquait toujours une ou deux…). Mais je retiens plus particulièrement la manière dont fonctionnait l'un des directeurs du siège d'une grande banque française. Ce dernier avait pris l'habitude d'organiser, tard dans la soirée, voire durant une partie de la nuit, des réunions avec, à chaque fois, des collaboratrices invitées en fonction de critères connus de lui seul. Sauf cas de force majeure (je pense aux situations de crise dans une centrale nucléaire, aux impératifs propres au milieu médical ou aux dispositifs de secours…), il était clair qu'ici l'urgence de la réunion n'était absolument pas établie. On avait affaire non seulement à l'organisation de la confusion entre la vie privée et la vie professionnelle, mais bien à une véritable prise en otage de la vie privée, et ce d'autant plus que ce directeur se faisait comme un malin plaisir de ne prévenir ses collaboratrices que le jour même où avait lieu ladite réunion.

Il faut alors parler, pour ces cas précis, de l'envers du décor qu'un tel comportement peut générer : à savoir la violence faite aux conjoints des collaboratrices qui, eux, sont à la maison et attendent (comme d'ailleurs à la conjointe du directeur dont il est fait mention). La confiscation de la vie privée, c'est aussi cela : une vie momentanément privée... de vie privée. Une attente lourde et difficile parce que sans nouvelles. D'ailleurs, il n'est pas question d'appeler sur le portable ; non seulement on ne saurait déranger sa femme dans une réunion qui doit être très importante, mais ce directeur qui pensait décidément à tout avait même été jusqu'à demander instamment que l'on éteigne les portables avant d'entrer en réunion. Autant dire, et pas seulement parce que l'imagination fonctionne également mieux la nuit, que celle-ci tendait à égarer les pauvres conjoints qui, invariablement, finissaient par penser qu'ils devaient bien s'amuser « là-bas ».

S'il vous est arrivé de vivre, une *nuit,* une situation comparable, vous savez combien cela est violent. Car le pire vous attend. Le pire, c'est lorsque votre conjointe est de retour et que vous vous pensez autorisé, à la vue de l'heure, à faire une remarque. Très vite, le ton monte. Les griefs se multiplient au point que votre conjointe peut en arriver à regretter le temps de la réunion et de ce directeur tellement plus prévenant que vous ne savez l'être. « Là-bas », c'est l'heure tardive qui voulait cela, le vocabulaire n'était plus seulement professionnel. Le directeur savait se montrer plus attentif, plus soucieux de l'autre. N'allait-il pas jusqu'à s'enquérir de la fatigue de ses collaboratrices, leur demander si elles n'avaient pas trop faim, pas trop soif, pas trop froid, pas trop chaud... De même, avec la fatigue, on a souvent davantage envie de se laisser aller. Et puis à la fin, ayant partagé une expérience commune, qui plus est pour le bien commun de l'entreprise — même si, à bien y repenser, l'ordre du jour (je devrais dire l'ordre de la nuit) n'avait décidément rien de bien urgent —, on se quitte sur un parking, il fait nuit noire...

Si l'on reconnaît bien évidemment qu'il faut être deux pour qu'une occurrence de rencontre puisse se solder par une histoire où la relation intime sinon sexuelle peut trouver sa place, ce temps et cet espace hors du temps et de l'espace de travail proprement dit sont une occasion idéale. Il va suffire en effet de très peu. Seules seront nécessaires l'étincelle de la réceptivité des hommes et des femmes réunis ensemble à ce moment-là, et la visibilité que chacun pourra développer de la réceptivité éventuelle de l'autre.

Pour ce qui est de la réceptivité des hommes et des femmes, il n'est pas difficile d'imaginer que nous pouvons tous, j'en ai déjà fait mention, éprouver un jour le besoin de nous réassurer, je ne parle même pas du besoin éventuel (heureusement plus rare) de nous venger de notre conjoint ou de notre conjointe, ou tout simplement de nouer des contacts amicaux et plus seulement professionnels. L'autre — c'est-à-dire celui ou celle qui est là, et c'est nécessairement quelqu'un de notre entourage professionnel — se trouve alors présent au bon moment. Un autre qui se présente souvent sous son meilleur jour, son jour « professionnel ». On connaît d'elle ou de lui surtout ses succès, il ou elle est toujours plutôt bien habillé, il ou elle fait attention à sa personne... Bref, je vois l'autre exactement comme je suis moi lorsque je suis au travail. Vous en conviendrez, et même si vous ne me connaissez pas comme cela, vous pouvez facilement m'imaginer au travail : très différent de mon état d'esprit, de mon état physique et, surtout, de mon apparence lorsque, à peine levé, je vais me croiser aux environs de trois heures du matin dans la glace de la salle de bains ou lorsque, le soir, je pourrai me laisser tomber sur le canapé de mon salon, marqué par les quelque 16 heures de travail effectif quotidien, six jours sur sept, que me prennent mes différentes activités professionnelles.

Quant à la connaissance que chacun peut avoir de la réceptivité éventuelle de l'autre, elle est rendue disponible par les us et coutumes qui sont aussi l'une des facettes de la culture des environnements professionnels. Mais en outre, elle est régulièrement actualisée par ce que j'appelle, ci-dessous, les accélérateurs de relations intimes : les plaisanteries, le détournement des nouvelles technologies et, même, l'alcool...

Les accélérateurs de relations intimes sur le lieu de travail

Le rôle des plaisanteries

Le rôle des plaisanteries, ou plus précisément des histoires salaces ou grivoises, est très intéressant pour ceux qui les utilisent car elles permettent de créer une éventuelle connivence avec leur public — et donc avec certaines personnes en particulier. Cette connivence, c'est au minimum un accord pour parler des choses de l'ordre de l'intime. Car, sous le couvert du rire, de quoi parlent ces histoires si ce n'est de sexe ? Les rapports de séduction — si l'on peut parler de séduction — peuvent apparaître alors très violents, il n'en demeure pas moins qu'ils sont très efficaces. Car vous comprendrez bien que si je peux parler de sexe avec un ou une collègue avec qui j'aimerais qu'il se passe quelque chose, le chemin qui me permettra de voir si je peux éventuellement aller plus loin avec lui ou avec elle n'est plus très long. Ce type d'histoire a en définitive la même fonction que les sites Internet sur lesquels on me promet de faire des rencontres. D'entrée ou presque, on y parle intimité. Si la personne accroche, alors je peux lui proposer — comme d'ailleurs il peut m'être proposé — d'aller plus loin. Quant à l'efficacité de ces histoires, comme à celle des sites de rencontres, elle est liée au fait qu'elles permettent une première sélection des personnes *a priori* sur la même longueur d'onde que moi. Clairement, il y a les personnes qui rient et celles qui ne rient pas.

La violence, quant à elle, tient dans le fait que, comme pour les sites de rencontres, on y parle de sexe et de sexualité avant l'acte sexuel proprement dit. Ce qui est exactement l'inverse de ce qui se déroule dans la réalité où, nous le savons bien, nous ne parlons quasiment jamais de sexualité avec notre conjoint ou notre conjointe (je ne dis pas avec son amant ou avec sa maîtresse). Ou alors, lorsque nous en parlons, c'est qu'il est déjà trop tard et que nous sommes prêts à tout, y compris à tout mettre sur la table pour sauver ce qui peut l'être encore, à moins que l'on en soit déjà à faire l'inventaire de tout ce qui n'a jamais vraiment fonctionné.

L'utilisation des nouvelles technologies

Dans leur aspect positif, les nouvelles technologies (plus particulièrement celles qui ont à voir avec la communication, comme les mails, les SMS…) permettent d'organiser la continuité et l'entretien des liens extraprofessionnels sur le lieu de travail. Les outils accessibles du bureau : mail, téléphone, SMS, messagerie instantanée (MSN

Messenger, Yahoo! Messenger, par exemple) permettent, en effet, plus ou moins astucieusement, de sortir du seul cadre professionnel pour développer, nouer et maintenir des relations plus privées. Remarquons que pour entrer en contact, les plus jeunes vont utiliser de façon prioritaire la messagerie instantanée, puis le SMS et, une fois la relation intime établie, éventuellement le téléphone et, enfin, pour la « maintenance » de la relation, le mail. Les plus anciens, quant à eux, vont préférer, pour développer des contacts plus privés, le mail, puis le téléphone et, une fois la relation plus intime établie, éventuellement le SMS et, enfin, pour la « maintenance » de la relation, la messagerie instantanée ; soit exactement l'inverse.

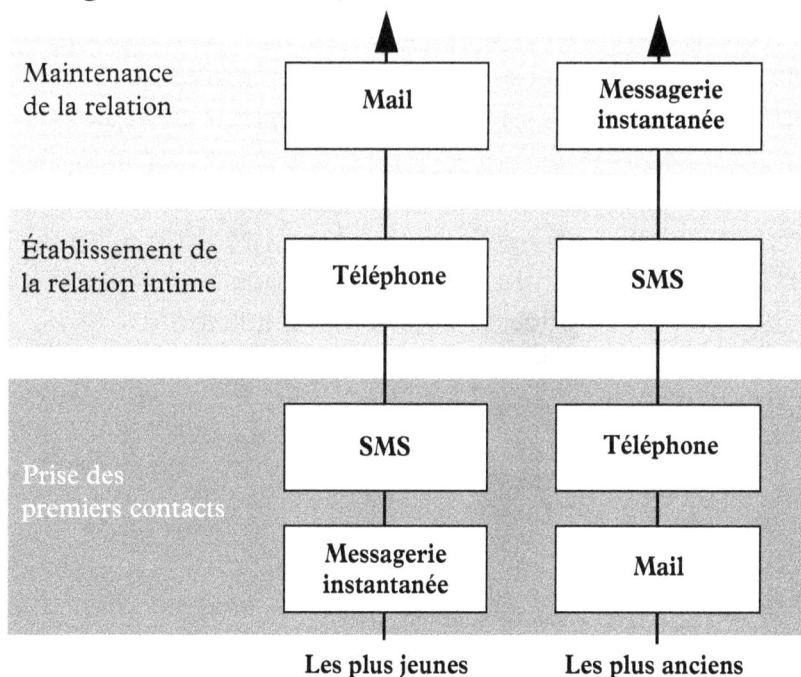

	Les plus jeunes	Les plus anciens
Maintenance de la relation	Mail	Messagerie instantanée
Établissement de la relation intime	Téléphone	SMS
Prise des premiers contacts	SMS	Téléphone
	Messagerie instantanée	Mail

Schéma 1. Utilisation prioritaire des outils technologiques dans le processus de séduction sur le lieu de travail en fonction des âges

Dans leur aspect plus négatif, parce que presque aussi graveleux que les histoires grivoises, mais peut-être plus modernes, les mails, SMS, messageries instantanées et autres blogs peuvent être utilisés à des fins de validation : c'est-à-dire pour savoir si des relations plus intimes que ce que permettent d'ordinaire les seules relations professionnelles pourront se nouer avec une personne de l'entourage professionnel. Non pas, naturellement, par l'utilisation aseptisée et professionnelle de ces outils, mais parce qu'ils permettent de tester — qui plus est à distance, sans avoir donc à prendre le risque de montrer son trouble éventuel — la réceptivité de la personne ciblée.

Une des premières étapes, sans risque aucun, consiste par exemple à soigner la formule de politesse qui clôt votre mail ou, plus brutal, de faire transiter à plusieurs destinataires une de ces vidéos ou histoires un peu salaces qui circulent sur le Web, voire, plus simplement encore, de faire suivre l'adresse d'un site un peu spécial. Une étape un peu plus avancée va consister à placer en lieu et place des puces et numéros usuels pour ordonner votre texte, un ou deux *emoticons* sexuels.

Exemples d'*emoticons* sexuels :

 ...

Enfin, et sans nécessairement aller jusqu'à réinventer des simulacres de strip-teases derrière une webcam (cette petite caméra qui, parce qu'elle vous filme, permet d'envoyer votre image sur un autre ordinateur), un moyen très pratiqué à ce jour parce que très à la mode et qui, de plus, vous exonère d'une trop grande lourdeur, est de parler avec vos collègues — qui comptent toujours, naturellement, la personne ciblée —, comme cela, l'air de rien, pour savoir s'ils sont ou non inscrits sur des sites de rencontres comme match.com, meetic.fr, netclub.fr, etc.

Le rôle de l'alcool

La plaisanterie grivoise et le détournement des nouvelles technologies sont des accélérateurs de relations intimes parce qu'ils permettent de faire rapidement un premier tri parmi les personnes éventuellement intéressées pour aller plus loin. De même, l'alcool donne l'opportunité du passage à l'acte. Par passage à l'acte, j'entends l'opportunité de faire clairement savoir à une personne que l'on aimerait bien avoir avec elle une relation plus privée.

En effet, l'alcool n'est pas intéressant en tant qu'il désinhibe — ce qui ne veut d'ailleurs pas dire grand-chose —, mais parce qu'il permet de faire semblant d'être sous son emprise pour se permettre des choses qui, si cela devait mal tourner, ne pourront pas vous être reprochées. Après tout, il vous suffira alors de vous excuser et de prétexter un état pas tout à fait normal. Bref, l'alcool, dès lors que vous n'êtes pas dépendant (et, sécurité oblige, que vous ne devez pas prendre le volant), est une très bonne excuse. Il permet de s'affranchir d'un mot, d'une proposition malencontreuse — comme de se voir en dehors du travail — ou, encore, d'un geste déplacé. Après tout, avec toute cette pression et ce stress au travail, il faut bien savoir aussi s'amuser un peu. Précisons tout de même que lorsque je dis « faire semblant », c'est qu'il faut être bien conscient de ce que l'on cherche si on veut l'obtenir. Aussi, n'en doutez pas, lors d'un pot à l'atelier, sur la terrasse de l'entreprise, le soir après une rude journée de séminaire en résidentiel…, parmi vos collègues qui disent avoir trop bu, il n'en est pas plus d'un ou deux en vérité qui ont bu ce qu'ils disent avoir vraiment bu.

Enfin, il ne faudrait pas oublier un deuxième argument en faveur (ou en défaveur) de l'alcool. Si la personne, et néanmoins relation de travail, qui a accepté vos avances s'est montrée déçue par votre performance sexuelle, il vous suffit, là encore, de mettre cela sur le compte de l'alcool.

Notons que c'est exactement la même fonction que remplit l'alcool lors des fêtes d'étudiants ou, plus simplement, dans les boîtes de nuit. En ces lieux également, l'alcool sert à oser des choses qu'on ne se permettrait peut-être pas aussi facilement d'ordinaire. L'alcool, ensuite, peut servir à s'exonérer d'échecs plus rudes à assumer. Les tentatives, si elles échouent, étant même balayées par la capacité à oublier que procure l'alcool...

Quatrième principe

Pour gagner,
il faut savoir se perdre

Si dans ses aspects les plus sombres, ce principe montre que des entreprises, collectivités, sociétés et administrations, au-dessus pourtant de tout soupçon mais en harmonie parfaite avec leur environnement, n'hésitent pas à utiliser des références à connotations sexuelles pour vendre et promouvoir leurs produits et services, dans ses aspects plus positifs, ce principe précise la loi de Cupidon et montre qu'il existe un lien entre la capacité à innover des organisations et la capacité des hommes et des femmes à nouer des relations intimes sur leur lieu de travail.

Sans vouloir minimiser la part des hommes et des femmes dans ce qui leur arrive sur leur lieu de travail, c'est du moins comme cela que je présentai ce principe à Hugo et Clara, force est de reconnaître que notre environnement nous conditionne à penser sexualité. Ce n'est d'ailleurs pas un hasard si Agathe Fourgnaud, dans son ouvrage *Les Jeunes et le sexe* (Presses de la Renaissance, 2006), utilise l'expression *Sexoland* pour décrire notre environnement.

Pour illustration, lorsque vous utilisez Internet, les fenêtres publicitaires qui s'ouvrent sur votre écran sont, pour beaucoup d'entre elles, des invitations à aller sur d'autres sites. Par exemple, si un utilisateur veut fermer une fenêtre sur son écran, une nouvelle fenêtre (pop-up) peut apparaître. Comme toujours, en ces cas, nous assistons à une escalade. De sorte que si nous quittons un site *a priori* plutôt « soft », le pop-up nous propose souvent de nous amener sur un site beaucoup plus violent. Et si les premiers messages peuvent être encore lus sans que l'on en soit choqué, une fois redirigé sur certains sites, les messages sont très différents.

De même, chacun peut en faire l'expérience au quotidien, nous recevons tous un certain nombre de messages au contenu tout à fait explicite. Ainsi, en tant qu'utilisateurs de téléphones portables et de messageries instantanées, nous sommes, par exemple, sollicités pour télécharger des images, des vidéos ou des sons dont les contenus sont clairement pornographiques.

Pour illustration, j'ai retenu : « *Tu veux savoir si ça va être hot avec ton mec ou ta nana, mais tu ne sais pas vraiment si vous êtes compatibles sur le plan sexuel… alors envoie C… au 72… »* ; « *Tu veux faire rougir de plaisir ton portable avec des femmes fatales en fond d'écran, alors envoie CA… au 82… et reçois directement une créature de rêve brune, blonde ou rousse sur ton phone. Cet été, ton portable risque d'être chaud… »* ; « *Tu veux apporter un peu de piment à ta vie sexuelle, tu veux jouer les Porn Stars, envoie vite KA… au*

81... Fais ton choix et reçois instantanément toutes les explications et même le logo de ta position préférée... »

Pour reprendre un argument d'Hugo, sans non plus vouloir tout mettre sur le dos de l'environnement, il est indéniable que celui-ci crée un climat très spécial qui a certainement un impact sur notre façon d'agir et de penser. Plus proche de nous encore, notre propre environnement professionnel. Aujourd'hui, là encore nous le savons tous, de très nombreuses structures (entreprises, collectivités, administrations, sociétés), *a priori* au-dessus de tout soupçon, n'hésitent pas à utiliser des références à connotations sexuelles pour vendre et promouvoir leurs produits et services.

Parmi les exemples innombrables, j'en ai retenu deux. Le premier est celui d'un fabricant de téléphones mobiles. Pour promouvoir ses produits, celui-ci avait décliné plusieurs publicités. L'une mettait en scène une femme blonde dont les yeux étaient barrés par un bandeau. Le texte disait : « *Marie S. aime quand ça vibre — [...] pour vibrer, jouer, aimer, surfer, téléphoner.* » D'autres photos avec d'autres textes disaient : « *Karina T. joue avec le sien plusieurs fois par jour* » ; « *Emily D. préfère sans les mains* » ; « *Richard G. devrait avoir honte d'en avoir un si petit* ». Le deuxième exemple est celui de l'un des leaders européens dans le domaine des périphériques de stockage. Sur l'une de ses publicités, on voyait une femme en bas résille et soutien-gorge, prête à « voyager à travers le monde » sans avoir l'inconvénient de s'encombrer de bagages trop importants. Les seuls objets qui lui étaient nécessaires étaient quatre hommes en caleçon noir qui tenaient tous dans une petite mallette.

Il me faut ici ouvrir une parenthèse et bien préciser que si les entreprises et autres structures ont recours à de tels procédés, et sans pour autant les exonérer de leur part de responsabilité, c'est aussi qu'elles doivent survivre dans un environnement extrêmement rude et qui oblige, par exemple, à faire toujours de nouveaux investissements et donc à financer ceux-ci. C'est cet argument que développe Marianne Eriksson, députée au Parlement européen, dans son *Rapport sur les conséquences de l'industrie du sexe dans l'Union européenne* (15 avril 2004) :

> « Pour de nombreux opérateurs de téléphonie mobile, *explique Marianne Eriksson*, la technologie qui permet d'envoyer et de recevoir des images par l'intermédiaire du téléphone mobile (réseaux 3G), et les licences qui vont avec, ont été une opération extrêmement coûteuse. C'est la raison pour laquelle la plupart des opérateurs européens cherchent à financer leurs activités en allant au plus facile, la fourniture de matériel pornographique. »

Marianne Eriksson cite ainsi l'exemple du groupe britannique Vodafone, deuxième opérateur de téléphonie mobile dans le monde, qui a introduit la pornographie à la fin de 2003. Comme le conclut avec tristesse la députée, *« les producteurs du secteur de la pornographie sont légion »*.

Aussi intéressant, mais plus constructif — et même si Hugo et Clara sont restés quelque peu dubitatifs avant d'en convenir finalement —, il existe un lien fort entre la sexualité et l'innovation. Pour les convaincre, je m'étais notamment appuyé sur un travail de Divina Frau-Meigs, professeur à l'université d'Orléans, (« Technologie et pornographie dans l'espace cybernétique », *Réseaux*, n° 77, 1996) :

> « Internet, comme l'humanité, a évolué grâce au sexe. C'est lui, *explique Divina Frau-Meigs*, qui a été — et est toujours — le moteur principal du

développement technique et commercial du cyberespace. En retour, le réseau mondial est en train de faire évoluer les comportements sexuels. [...] Les outils de communication d'Internet ont tous été détournés à des fins érotiques. Certains même ne devenant populaires que grâce à cela. D'abord le courrier électronique qui permet d'envoyer instantanément des messages écrits et des images à un correspondant ou à un groupe partageant un intérêt spécifique commun. Puis les forums de discussions où l'on se retrouve pour parler en direct avec la possibilité de s'échanger des images. Et puis il y a les fameux sites Web qui mélangent textes, images, animations et vidéos. On y trouve aussi une multitude d'hyperliens : d'un clic de souris, ils vous font surfer d'un écran ou d'un site à l'autre. Certains n'affichent que du texte, comme des histoires érotiques, alors que d'autres présentent surtout des photos. Les plus sophistiqués combinent toutes les fonctionnalités pour afficher, par exemple, la vidéo d'un couple faisant l'amour en temps réel, tout en encourageant les spectateurs à envoyer des messages pour guider l'action. »

Dans cette même dynamique qui croise innovation et sexualité, et comme je l'avais montré avec Yannick Chatelain dans notre ouvrage *Internet 2002 : le webmarketing en action* (Maxima-Laurent du Mesnil Éditeur, 2001), si les sites X font beaucoup d'argent, c'est que ce sont avant tout de vrais sites professionnels :

« Quoi d'étonnant, *comme nous l'écrivions alors,* à ce que les hommes et les femmes qui travaillent au marketing des sites X comptent aujourd'hui parmi les plus grands marketeurs de sites. Ce sont des précurseurs inventifs et innovants dans le domaine du marketing. Une observation de leurs sites le confirme. Tous sont soignés et travaillés (à entendre dans un objectif d'efficacité maximum). Aussi, les hommes et les femmes qui travaillent sur le marketing des sites X, parce qu'ils inventent un nouveau mode de marketing, comptent-ils parmi les meilleurs marketeurs de la Toile. »

Nous avions alors mis en avant trois grandes explications :

❖ Les sites X se développent sur un marché qui, contrairement aux autres produits et services, semble infini. La concurrence n'y est donc pas de la même nature. Nous y observons davantage d'entraide et de coopération que dans les autres secteurs.

❖ Si les marketeurs de sites X n'hésitent pas à regarder les sites des concurrents, ce n'est pas pour les dépasser, ou les faire disparaître, mais pour apprendre d'eux, en retenir les meilleures pratiques marketing et participer au grossissement de ce marché abyssal — parce qu'il y a décidément de la place pour tout le monde, les sites classés X constituant même de véritables creusets expérimentaux.

❖ Les marketeurs qui travaillent sur ces sites — parce qu'ils surfent sur la vague qui va des techniques autorisées aux techniques non autorisées — sont très certainement ceux qui prennent le plus de risques. En contrepartie, comme ils ont souvent un coup d'avance, ils façonnent les nouvelles lois parce qu'ils obligent le législateur à prendre position sur des techniques ou des contenus que personne encore n'avait anticipé.

Dans ses aspects plus positifs, ce principe précise la loi de Cupidon et montre qu'il existe un lien entre la capacité à innover des organisations et la capacité des hommes et des femmes à nouer des relations intimes sur leur lieu de travail. J'entends par « capacité à innover » la capacité à mettre en œuvre des innovations technologiques, mais pas seulement : une entreprise, en effet, peut être innovante par son activité, par son mode de commercialisation ou par son mode de développement ; elle peut aussi être innovante dans son management, dans la façon dont elle s'implique au niveau social et sociétal, par la manière dont elle prend en considération les grands enjeux liés, par exemple, à l'environnement...

Avant d'y revenir, il me semble intéressant de noter que nombre de créateurs sont connus pour leurs conquêtes. Dans le domaine de la littérature, Hugo, Balzac, Byron... Plus proches de nous, Morand ou Simenon, « l'homme aux mille femmes »... Dans le domaine de la peinture, je pense plus particulièrement à Girodet, un élève de David, à Picasso... Tout autant, j'aurais pu prendre le domaine de la chanson, du cinéma... Comme le souligne David Bême, responsable de rubrique (santé, sexualité) sur doctissimo.fr, la créativité agit « comme un puissant aimant sexuel », l'activité sexuelle augmentant avec la créativité. Pour Daniel Nettle, psychologue à la faculté de biologie de l'université de Newcastle, et sa collègue Helen Clegg, les personnes créatives ont une vie sexuelle plus active que les personnes moins créatives.

D'après leur recherche qui a porté sur 425 hommes et femmes britanniques, les artistes et les poètes professionnels — que ce soient des femmes ou des hommes — ont, au cours de leur vie, entre 4 et 10 partenaires sexuels, contre 3 en moyenne pour les personnes chez qui la créativité n'est pas aussi présente (source : Reuters). Soit un rapport qui va du simple au triple. Mes observations — qui, certes, portent sur des personnes travaillant dans des structures innovantes et non sur le degré de créativité des personnes mêmes — sont un peu en deçà et montrent une variation proche seulement du simple au double. C'est d'ailleurs cette échelle de valeur que j'ai retenue pour la table 3 (*cf.* ci-après), qui présente, par personne, le nombre de partenaires sexuels en fonction des années d'ancienneté et de la capacité à innover des environnements professionnels.

Il semble d'ailleurs que ce soit là un cercle vertueux (ou vicieux selon le point de vue que l'on adopte). *« L'étude de Daniel Nettle montre [en effet] que le nombre moyen de partenaires sexuels augmente parallèlement à la créativité. Ce que les artistes produisent attire l'attention sur eux, ce qui accroît leur prestige sexuel. »* Daniel Nettle avance l'explication suivante : *« Il se pourrait que les gens très créatifs aient un mode de vie bohème et aient tendance à agir davantage sous le coup de leurs impulsions sexuelles et des occasions qui se présentent à eux — parfois uniquement par désir d'expérimenter, d'ailleurs — que la plupart des gens. »* De plus, poursuit-il, *« la vie sexuelle parfois frénétique des artistes est souvent tolérée, même par leurs partenaires stables, qui semblent ne pas toujours attendre d'eux loyauté et fidélité »* (source : Reuters). J'ajouterai en outre qu'il semble que le travail, dès lors qu'il se fait avec passion, peut s'accompagner de pulsions de l'ordre du sexuel, comme l'écrit avec beaucoup d'à-propos, par exemple, Vincent Ravalec dans *L'Auteur* (Le Dilettante, 1995).

Stefan Lievens et la journaliste Tine Hens, dans leur ouvrage déjà mentionné, *Passie op de werkvloer* (*La Passion au travail*), notent que « *l'atmosphère professionnelle stimule plutôt la recherche d'un partenaire, que ce soit pour une aventure momentanée ou pour une relation solide ; une aventure au boulot semblant nourrir les employés d'une portion supplémentaire de dynamisme de travail* » (source : femistyle.be/fr). Si l'on croise ces observations avec les précédentes, il semble que l'on puisse énoncer, ce que veut mon quatrième principe, qu'une organisation apte à générer une bonne atmosphère de travail agit comme un stimulant sur les hommes et les femmes (qui plus est si ceux-ci sont au cœur des processus d'innovations mêmes), ce qui renforce le caractère positif de l'atmosphère au travail, qui elle-même renforce la dynamique d'innovation de la structure dans son ensemble... Ajoutons qu'une bonne atmosphère de travail est facilitée par une organisation dans laquelle l'innovation au quotidien est un vrai challenge ; il semble que l'on supporte mieux le travail tout simplement lorsque celui-ci est gratifiant, comme c'est le plus souvent le cas dans les structures fortement innovantes, ce qui impacte de façon positive l'atmosphère de travail.

Pendant que je parlais, Clara, qui n'avait pas quitté son bloc-notes, avait fait un petit schéma. C'est ce petit schéma — que Clara m'a autorisé à reprendre — que j'ai reproduit ci-après, après l'avoir remis au propre.

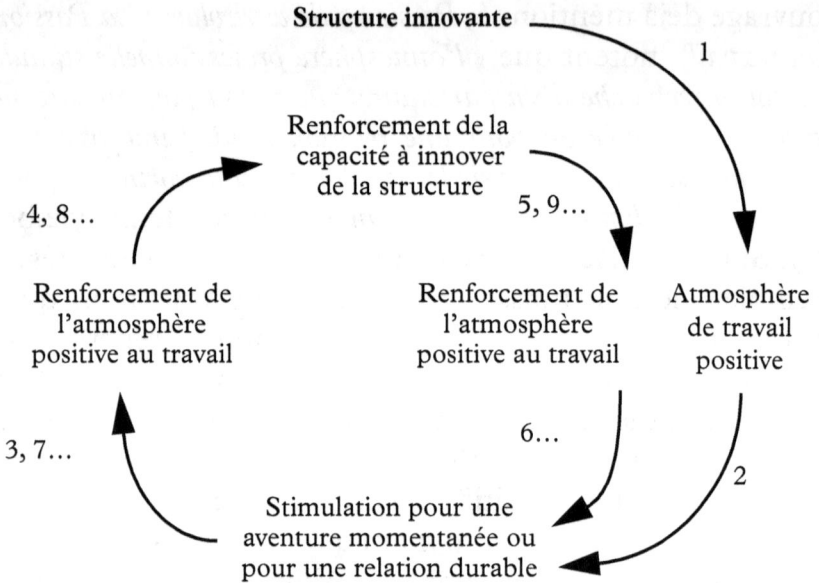

Schéma 2. Relation de renforcement entre une structure innovante et le développement de relations à connotations intimes

Ce principe est bien résumé par cette épigraphe chère à Reich, et que rapporte Roger Dadoun : « *L'amour, le travail et la connaissance [portée ici par le caractère innovant ou non des organisations] sont les sources de notre vie ; ils doivent aussi la gouverner.* » Concrètement, et pour revenir aux implications d'un tel principe sur la loi de Cupidon, il semble, à la vue des chiffres que nous avons collectés, que l'on peut établir qu'il existe un lien entre la capacité à innover des organisations et la capacité des hommes et des femmes à nouer des relations intimes sur leur lieu de travail. Ce sont ces résultats que je présente ci-après.

Table 3. Table de calcul par personne du nombre de partenaires sexuels, en fonction des années d'ancienneté et de la capacité à innover ou non des environnements professionnels

Ancienneté moyenne (par année) dans l'entreprise, l'industrie, la société, la collectivité ou l'administration	Nombre moyen par personne de partenaires sexuels (qui appartiennent au même entourage professionnel) dans les entreprises, industries, sociétés, collectivités ou administrations qui peuvent être qualifiées d'innovantes	Nombre moyen par personne de partenaires sexuels (qui appartiennent au même entourage professionnel) dans les entreprises, industries, sociétés, collectivités ou administrations qui peuvent être qualifiées de peu innovantes
1	0,20	0,10
2	0,40	0,20
3	0,60	0,30
4	0,80	0,40
5	1,00	0,50
6	1,20	0,60
7	1,40	0,70
8	1,60	0,80
9	1,80	0,90
10	2,00	1,00
11	2,20	1,10
12	2,40	1,20
13	2,60	1,30
14	2,80	1,40
15	3,00	1,50
16	3,20	1,60
17	3,40	1,70
18	3,60	1,80
19	3,80	1,90
20	4,00	2,00
	Zone de validité de la loi la plus forte	

La lecture de cette table — comme celle des tables 1 et 2 — est la suivante. Soit par exemple la ligne 5, reproduite ci-dessous :

5	1,00	0,50

Dans une structure qui peut être qualifiée d'innovante, la loi de Cupidon indique qu'une personne qui compte 5 ans d'ancienneté a eu en moyenne 1 partenaire sexuel parmi les personnes de son entourage professionnel. Dans une structure qui peut être qualifiée de peu innovante ou de pas innovante, la loi de Cupidon indique que seule 1 personne sur 2 parmi celles qui comptent 5 ans d'ancienneté a eu en moyenne 1 partenaire sexuel parmi les personnes de son entourage professionnel. Autrement dit, selon que l'on appartient à une structure qui fait de l'innovation une priorité ou à une structure qui ne donne que peu de poids à l'innovation, la probabilité de construire des relations intimes sinon sexuelles avec les personnes de son entourage professionnel varie du simple au double, comme je l'ai mentionné plus haut.

Si nous prenons la ligne 10, reproduite ci-dessous :

10	2,00	1,00

La lecture est celle-ci : dans une structure qui peut être qualifiée d'innovante, la loi de Cupidon indique qu'une personne qui compte 10 ans d'ancienneté a eu en moyenne 2 partenaires sexuels différents parmi les personnes de son entourage professionnel. Dans une structure qui peut être qualifiée de peu innovante ou de pas innovante, la loi de Cupidon indique qu'une personne qui compte 10 ans d'ancienneté a eu en moyenne 1 seul partenaire sexuel parmi les personnes de son entourage professionnel.

Au-delà de la lecture un peu abrupte, quelques commentaires s'imposent.

❖ Le nombre de structures dont on peut dire qu'elles sont innovantes (qu'elles cherchent presque sans cesse à innover) est, et de façon sensible, plus élevé que le nombre de structures dont on peut dire qu'elles sont peu innovantes (non pas qu'elles n'innovent pas, mais ce n'est pas pour elles, aujourd'hui du moins, un vrai moteur).

❖ Dans les organisations fortement innovantes, il est rare que l'ancienneté moyenne soit très importante (autrement dit, supérieure à 10 ans). Pour ce type de structure, les résultats de notre tableau sont donc particulièrement valides pour une ancienneté moyenne des personnes qui y travaillent comprise entre 2 ans et 10 ans (là encore et comme pour les tables précédentes, je n'ai pas tenu compte de la première année) — ce que reflète la partie grisée. Pour ce qui est des structures peu innovantes, il semble qu'il ne se passe pas grand-chose pour les hommes et les femmes qui y travaillent dès lors que leur ancienneté moyenne est inférieure à 10 ans. Comme précédemment pour les autres tables, parce que je ne suis pas certain qu'il s'y déroule grand-chose après 12 ans si, déjà auparavant, il ne s'est pas passé grand-chose pour ne pas dire rien, il semble, pour ce type de structures, que les résultats de notre tableau soient donc plus particulièrement valides entre 2 et 12 ans d'ancienneté — ce qu'indique là encore la partie grisée.

Ce que dit la psychologie

L'adulte erre
en quête de dangers

La psychologie renvoie tout d'abord à la ques-
tion de la fidélité, qu'elle remet en cause. La
normalité n'est pas la fidélité mais bien l'infi-
délité. La psychologie explique ensuite pour-
quoi le lieu de travail — parce qu'il propose de
multiples dangers — va être perçu comme très
séduisant pour celles et ceux qui vont y déve-
lopper des relations intimes avec des personnes
qui appartiennent au même environnement
professionnel.

Lorsque j'ai indiqué à Hugo et à Clara que j'allais travailler à une explication psychologique susceptible
d'éclairer les résultats obtenus par la loi de Cupidon, ils
m'ont très gentiment rappelé que je n'avais pas toujours
été aussi amène envers la psychologie. Toujours nos
fameuses études de cas de management... De nombreuses années après, décidément, eux comme moi n'avions

rien oublié des défauts très amicaux que déjà nous nous reprochions alors.

Là où je les ai étonnés et même peut-être décontenancés, c'est lorsque j'ai commencé à leur expliquer que, pour moi, la psychologie n'avait pas vocation à faire plaisir mais plutôt à montrer ce qu'on ne veut pas voir et à dire ce qu'on ne veut pas entendre. J'ai alors dû m'interrompre pour laisser place à leurs commentaires : « *Même la psychologie, il arrive à la traiter avec froideur* », ai-je par exemple entendu ce soir-là. Oui, expliquai-je, la psychologie ne nous apprend rien que nous ne sachions déjà. Comme si, après-coup, nous pouvions tous dire : « *J'en étais sûr.* » Autrement dit, la psychologie ne fait jamais que réveiller du « déjà su ».

Pour ce qui est des relations intimes et mêmes sexuelles sur le lieu de travail, l'éclairage par la psychologie oblige à ne pas s'attacher immédiatement à cette question mais à lui préférer d'abord une autre question. Une autre question qui ne tient pas dans la question même qui nous occupe ici mais qui, pourtant, doit être posée. Cette question, c'est la question de la fidélité. Et la façon de la poser doit être celle-ci : « Pourquoi la fidélité ? », et non pas, comme nous le croyons habituellement : « Pourquoi l'infidélité ? » Ensuite, alors seulement, la psychologie peut s'attacher à éclairer ce pour quoi nous la questionnons ici : les relations intimes et sexuelles sur le lieu de travail entre des personnes appartenant à un même entourage professionnel.

« Pourquoi l'infidélité ? » ou mieux donc, « Pourquoi la fidélité ? » La psychologie nous montre, il ne faut pas s'y tromper, que la fidélité totale et complète pour tous est un non-sens, ou plus exactement une invention de la société. Car après tout, qui ne passe pas à l'acte de l'infidélité un jour hormis ceux qui, peut-être, ressentent trop fortement le poids de la morale (pour Freud, la morale et la culpabilité exercent une contrainte pour imposer les renoncements pulsionnels : *Malaise dans la civilisation*, PUF, 1976) ; éprouvent la crainte de la maladie transmissible ; éprouvent la crainte du qu'en-dira-t-on ; ont peur de ne pas être à la hauteur ; ont peur du mal que pourrait faire aux enfants une séparation ; ou, par-dessus tout — car la vraie grande raison est celle-ci —, pensent que s'ils venaient à tromper leur conjoint ou leur conjointe, celui-ci ou celle-ci pourrait en faire autant ? Et c'est bien cette crainte d'être trompés qui fait qu'ils ou elles ne trompent pas ; exactement comme si le talisman pour se protéger de n'être pas trompé était de ne pas commencer à le faire.

Or, une personne même aimante — en amour pour une autre personne — peut ressentir des inclinations, des désirs, des envies. Chacun et chacune, comme je l'ai déjà indiqué, peut un jour se sentir plus fragile, peut éprouver le besoin de se réassurer, le besoin de se sentir peut-être un peu plus fort, un peu plus valorisé, un peu plus aimé... Plus simplement encore, l'amour que l'on peut avoir pour une personne n'est pas lié, pour toute la vie du moins, à l'amour physique que l'on peut lui porter. Et cela est vrai pour presque chacun d'entre nous.

Incidemment, pour amodier peut-être un peu ce que Hugo et Clara appelèrent avec un peu de reproche la dureté de mes propos, et parce que j'avais anticipé leur réaction, je sortais un article que je leur lisais. Ce sont quelques-uns des passages de cet article, daté de juin 2001, publié sur psychologies.com et signé de Flavia Accorsi, que je reprends ci-après :

« À l'ère du "je veux tout", écrit donc Flavia Accorsi, nombreux sont ceux qui s'appliquent à s'épanouir individuellement sans pour autant sacrifier leur couple, à aimer tout en se sentant libres, à vivre un amour infidèle. Cette montée de l'individualisme signe le déclin de ce que le sociologue Alain Ehrenberg appelle "la société de destin". À savoir, une vie déjà écrite qui n'évoluerait pas avec le temps, illustrée par le triptyque des années 60 : un partenaire, un travail, une maison pour la vie. Pour le sociologue Gérard Mermet, poursuit l'auteur, [il y a nécessité] du besoin de changement et de la volonté de concilier la stabilité [de la vie en couple] avec le piment de la vie extraconjugale. [...] Plus que celui des hommes, c'est le discours des femmes sur l'infidélité qui a changé. Il se pose désormais en termes d'option possible et non plus d'interdits à transgresser. [...] Michel Bozon [dans son ouvrage *La Sexualité au temps du sida* (PUF, 1998), note que] pour 34 % des hommes et 24 % des femmes vivant en couple depuis deux ans et moins, il peut y avoir amour sans fidélité ; ces chiffres passent à 43 % et 40 % après quinze ans et demi de vie commune. [...] Là est la nouveauté : choisir l'infidélité ou la fidélité selon des critères personnels, et non plus en adéquation avec des "rôles" culturellement prédéterminés. [...] La position des hommes et des femmes face à l'infidélité est en train de s'égaliser. [...] Et Flavia Accorsi de conclure : goûter à de nouvelles expériences sans renoncer à une relation stable est le défi de ces [tenants] de l'amour infidèle qui ne veulent renoncer à rien. »

C'est ce cheminement qui conduit à « tromper l'autre » — cheminement qui, s'il n'est pas entravé par les craintes, peurs et superstitions que j'ai mentionnées plus

haut, ne peut que mener au passage à l'acte de l'infidélité
— que je développe ci-dessous. Je reprends là, pour une
part d'entre eux, des éléments que j'avais commencé à
élaborer dans un ouvrage déjà mentionné et coécrit avec
Yannick Chatelain, *In Bed with the Web.*

Je prends pour point de départ de ma démonstration
le début de la relation amoureuse. Lorsque celle-ci se
noue, lorsque celle-ci commence, le recours au fantasme
pour jouir — imaginer l'autre avec un(e) autre ou plusieurs autres, s'imaginer soi avec un(e) autre ou plusieurs
autres... — n'est pas premier. Le fantasme, même, exactement en cela comme pourraient l'être finalement des
idées parasites, n'est pas désirable au début de la relation.
En effet, aux premiers temps d'une relation — par premiers temps, j'entends les six premiers mois et même si
les chercheurs inclinent plutôt pour une période de deux
ans, je maintiens que cette durée est en réalité beaucoup
plus courte —, les hommes et les femmes font l'amour
sur la seule force de l'amour. L'autre, dans son entier,
comble et est comblé(e). Pour tout dire, le fantasme, s'il
venait à poindre là, serait vécu comme dérangeant —
sinon salissant. Dit autrement, et comme le souligne
Francesco Alberoni dans son ouvrage *Le Choc amoureux*
(Ramsay, 1980) : « *L'amour naissant est et ne peut être que
monogame.* » (Je note, si ce sujet vous intéresse, que deux
autres ouvrages au moins pourraient être recommandés
ici : le premier est d'André Bejin, *Les Fantasmes et la vie
sexuelle des Français*, Payot, 2001 ; le second est de Janine
Mossuz-Lavau, *La Vie sexuelle en France*, La Martinière,
2002).

Par la suite, le fantasme, contraint jusqu'alors à être
très discret, va s'exprimer et être reconnu par la personne
comme désir. L'individu, alors, aime encore mais, déjà,

ce n'est plus pareil. Les premiers désaccords, agacements, énervements, intrusions du quotidien, vont servir de mobile pour la personne à s'autoriser à avoir des pensées plus agressives vis-à-vis de son conjoint ou de sa conjointe. Le fantasme, dont une des fonctions est, à ce stade, qu'il aide à atteindre la jouissance — là où auparavant il n'était pas nécessaire —, pour poindre et s'imposer à son esprit, va se nourrir de la différence entre, d'un côté, la période d'harmonie vécue et, de l'autre, les premières insupportations du quotidien — insupportations qui vont faire le lit de l'insatisfaction pleine et entière de la sexualité. On pourrait dire qu'à ce stade il y a quelque chose qui est épuisé, qui n'a plus besoin d'être vécu. Comme si, arrivé à satiété, on n'en voulait plus ; du moins, plus dans les mêmes proportions.

Dommages et ravages de l'habitude, répétitivité dans la manière de faire l'amour — la personne, dès lors, pense davantage à la relation sexuelle pour la relation sexuelle qu'à faire l'amour ; ce qui veut (presque) tout dire. Si les gestes et les automatismes demeurent, l'excitation, elle, a perdu de sa force. Avec l'espacement des relations sexuelles, allant parfois jusqu'à leur quasi-disparition, les fantasmes se modifient et leur accès à la conscience est facilité là où il y a peu encore, ils étaient interdits. Là où le conjoint était encore au centre de ceux-ci, il peut maintenant disparaître. Le corps du conjoint n'est plus qu'un réceptacle, un objet, un support physique. Dans les fantasmes, le conjoint peut n'avoir plus aucun rôle. Désormais, les regards sont tournés vers l'extérieur. Dans le même temps, le fantasme qui, précédemment, n'était encore qu'une aide, devient un appui à l'excitation.

Dès lors, la tentation, puis l'heure d'aller voir ailleurs sont venues. Comme souligné dans le principe de la *nième*, le travail est un lieu propice. Parce que les hommes et les femmes passent les trois quarts de leur temps (hors sommeil, voire même, certaines méchantes langues le diraient, y compris une partie de leur sommeil) sur leur lieu de travail (temps élargi aux congrès à l'étranger, aux réceptions dans le cadre de l'entreprise…), soit environ 220 jours par an ; parce que les hommes et les femmes passent bien davantage de temps avec les personnes de leur entourage professionnel qu'avec leur conjoint(e) ; des relations, au début exclusivement professionnelles, peuvent se modifier en relations plus amicales et parfois intimes. Si, pour certains, il est toujours possible de s'en tirer avec une pirouette, après tout n'est-ce pas là une manière de lier l'utile à l'agréable, notons qu'il n'est pas sans risque d'avoir des relations sexuelles avec une, voire plusieurs personnes de son entourage professionnel.

Naturellement, et comme c'était le cas avec mon exemple du supérieur hiérarchique et de sa secrétaire, tant que la relation perdure ou, si celle-ci se termine d'un commun accord, comme un couple se sépare dans des conditions acceptées par chacune des parties, cela restera le plus souvent un joli souvenir ; mais si ce n'est pas le cas, alors gare !

C'est bien là beaucoup de la difficulté à nouer une relation intime sinon sexuelle sur le lieu de travail, où vont nécessairement se trouver mêlés des éléments de la vie privée et des éléments de la vie professionnelle qui, nous l'avons vu ci-dessus, sont difficilement conciliables. Les dégâts alors peuvent être importants et les répercussions résonner longtemps encore après. Nonobstant la souffrance à croiser l'autre tous les jours, voire même, dans certains cas, à croiser cet autre avec un(e) autre qui appartient à la même organisation, la personne qui s'estime trahie peut être tentée de le faire payer à l'autre. Cela peut prendre la forme de la dénonciation de petits arrangements, d'envois de mails, jusqu'ici savamment stockés et hier encore confidentiels, à l'ensemble des personnes que compte la structure (entreprise, société, collectivité, administration...). Au-delà d'un possible chantage un jour, comment continuer à voir son voisin ou sa voisine de bureau comme auparavant si, comme nous l'avons déjà entraperçu, la personne ne s'est pas montrée à la hauteur, si celle-ci pense avoir déçu ?

Plus communément, et pour ce qui est de la réalité en général, hors le cas particulier du lieu de travail, quand bien même les conditions de ses fantasmes seraient réalisées dans la réalité, cela ne garantit pas leur réalisation conforme. En effet, l'individu ne peut pas garantir sa puissance sexuelle, ou plutôt, il ne peut garantir que sa puissance sexuelle et non la toute-puissance sexuelle que réclament ses fantasmes. De même, comment continuer à travailler avec la sérénité que requiert toute relation professionnelle si l'une des personnes poursuit l'autre de ses assiduités ?

———————

Si l'on a maintenant accepté — du moins entendu, à défaut nécessairement d'être convaincu — que l'infidélité est une nécessité à quelque passage de sa vie, en quoi la psychologie a-t-elle quelque chose à dire sur les relations intimes et sexuelles qui s'établissent sur le lieu de travail entre des personnes qui appartiennent au même entourage professionnel ? La réponse, déjà donnée ou pressentie plus haut, est celle-ci : le lieu de travail, en tant qu'il n'est justement pas fait pour cela, va cristalliser tout un ensemble de dangers, dont la psychologie fait l'hypothèse que tout cela est aussi très excitant pour ceux et celles qui s'adonnent à de telles pratiques.

Parmi les différents dangers et excitations, j'ai noté :

❖ La crainte (mais aussi le désir) d'être surpris.

❖ La crainte (mais aussi le désir) du scandale ; cette crainte (mais aussi le désir) pouvant être poussée à son paroxysme si, par exemple, une personne mariée dans le civil développe une relation homosexuelle avec un(e) de ses collègues.

❖ L'excitation à être payé pour cela (après tout, ne suis-je pas payé durant ce temps ?).

❖ La crainte et l'excitation d'être la victime d'un chantage.

❖ L'excitation à se mettre en danger ; la relation sexuelle peut se nouer alors entre deux personnes que tout sépare et qui peuvent même être connues pour être en conflit ouvert (parmi les couples célèbres : le chef d'entreprise avec la déléguée syndicale... ; l'assistante d'un directeur de département avec un autre directeur de département, les deux directeurs étant connus pour être en rivalité ouverte...).

❖ L'excitation à jouer des contraires ; la relation sexuelle sera vécue comme plus particulièrement intéressante par les partenaires si le nombre de niveaux hiérarchiques qui les séparent est le plus grand possible (parmi les couples célèbres : le directeur d'une unité de production avec la standardiste...).

Mais la psychologie dit aussi que la relation sexuelle peut être un formidable moyen qui répond alors à un besoin et même à une nécessité.

Un besoin, c'est par exemple lorsque la relation intime ou sexuelle sur le lieu de travail va, en plus de la complicité intellectuelle, apporter la complicité des corps dans une relation où la part de fantasme qui crée un lien entre la puissance intellectuelle et la puissance sexuelle n'est évidemment pas exclue. Ainsi de l'histoire de cette chercheuse en marketing des services qui, en fonction de ses sujets et équipes de recherche, développe régulièrement une relation sexuelle avec le chercheur le plus brillant.

La nécessité, c'est lorsque la relation intime ou sexuelle sur le lieu de travail a pour objet de résister à la tristesse, à la mélancolie et même au deuil. Une part des relations sur le lieu de travail aurait alors pour fonction de s'aider soi — et, comme il peut arriver que l'on fasse l'amour le soir même où l'on vient de perdre un être cher —, de se dire que malgré cette pression de la performance à tous crins, ce stress toujours plus fort, ces horaires de folie, l'avalanche de mails dont certains sont proches parfois du harcèlement moral, le pillage de ses résultats les plus positifs, ce manque de reconnaissance et d'appui à ses actions, cet anonymat proche parfois du sentiment de n'être pas reconnu, voire de n'être qu'un numéro, on est encore vivant et bien vivant.

On entrevoit là une des fonctions de la sexualité ou plus généralement de l'intimité sur le lieu de travail : non seulement elle trouverait sa légitimité parce qu'après tout, et comme je l'ai déjà dit, on passe beaucoup de son temps de vie sur le lieu de travail — et celui-ci, par le nombre de personnes qui y coexistent, est créateur de nombreuses occasions de rencontres —, mais elle trouverait aussi une autre légitimité, celle de faire résistance.

C'est cet aspect fondamental, notamment, de résistance aux conditions ou aux environnements de travail, que je reprends au chapitre suivant avec, cette fois, non plus le point de vue de la psychologie mais celui de la sociologie.

Ce que dit la sociologie

Un espace idéal qui va... du pareil au m'aime

Le lieu de travail, dès lors qu'il est détourné par des hommes et des femmes pour y développer des relations intimes avec des personnes appartenant au même environnement professionnel, se constitue comme un lieu tiers, idéal, à l'abri des contingences, des règles et des nécessités qui régissent la vie professionnelle et la vie privée proprement dite, à savoir en dehors du lieu de travail.

Clara, à l'inverse d'Hugo qui, lui, semblait ne pas s'en soucier beaucoup, n'en a pas fait mystère : elle était soulagée de me voir quitter même momentanément le champ de l'explication par la psychologie pour me concentrer maintenant sur l'explication par la sociologie. Il m'apparut, après-coup seulement, que la discussion sur la nécessaire infidélité en lieu et place de la fidélité, comme au soir de son léger trouble, l'avait profondément affectée. Sans doute ne le saurai-je jamais, car je m'interdirai bien évidemment de lui poser la question mais, pour la première fois, j'eus le pressentiment que si je l'avais questionnée, la loi de Cupidon se serait parfaitement appliquée à elle.

Aussi, c'est d'abord mécaniquement, avant de retrouver un certain naturel, que je leur ai fait part ce soir-là de mon analyse sociologique pour éclairer les résultats donnés par la loi de Cupidon.

Par ses règles, par son rôle et son pouvoir dans notre société, commençais-je, par les mécanismes hiérarchiques omniprésents, l'environnement de travail impacte chacun d'entre nous non seulement dans ses chairs (le travail est plus ou moins difficile pour les corps) mais aussi dans sa relation aux autres. Il n'est par exemple pas anodin d'observer que, chaque matin, des millions d'hommes et de femmes se lèvent et acceptent de respecter et d'obéir à un certain nombre de règles et de contraintes — dont les ordres ne sont pas les moindres — qu'ils ont, certes, librement acceptées et dont ils peuvent tout aussi librement, du moins sur le papier, s'exclure le jour où ils le décident. Le monde du travail, par certains côtés, ressemble ainsi à une sorte d'immense jeu de rôle où chacun est tenu de tenir une place et de se conformer à un certain nombre d'attentes. Il semble en outre, nous l'avons vu, que les entreprises, les sociétés, les industries, les collectivités, les administrations publiques et parapubliques se comportent parfois comme si elles étaient au-dessus des lois, quand elles ne la font pas — nous avions pris l'exemple de l'utilisation par celles-ci des références sexuelles (nous pourrions ajouter sexistes) pour promouvoir et vendre leurs produits et services. Le lieu de travail peut ainsi apparaître comme un espace qui serait régi par le principe de la toute-puissance. Toute-puissance du patron — du moins est-ce ainsi que cela est perçu en interne dans de nombreuses structures, même si lui, de son point de vue, peut subir ce qu'il appelle tout autant la toute-puissance des salariés. Toute-puissance des règles économiques, visible dans une de leurs conséquences lorsque la structure rencontre des difficultés : plan social, délocalisation. Toute-puissance des actionnaires…

Avant d'aller au-delà, ayant remarqué que les hommes et les femmes qui travaillent se vivent, pour beaucoup du moins, écrasés par des règles, contingences et nécessités toutes-puissantes, il faut également faire mention d'un autre point, différent certes mais avec des arguments tout aussi certains : il s'agit du monde en dehors du cadre du travail, un monde où les hommes et les femmes, là aussi pour beaucoup, se vivent écrasés par des règles, contingences et nécessités qui tendent à les rendre impuissants. Cette évidence est notamment soulignée par Paul Virilio dans son ouvrage *La Bombe informatique* (Galilée, 1998). Je reproduis, ci-dessous, les quelques lignes que je lisais ce soir-là à Hugo et Clara :

> « Dans un livre de souvenirs rédigé le 22 février 1942, peu avant son suicide à Petrópolis, Stefan Zweig, écrit Paul Virilio, décrivait l'Europe d'avant la guerre de 1914, et en particulier la société viennoise où il avait grandi. Il racontait comment la hantise de la sécurité y était devenue un véritable système social [...] censé mettre tout un chacun à l'abri des coups durs. »

Un demi-siècle plus tard, rien n'a vraiment changé : aux sociétés de l'enfermement dénoncées par Michel Foucault, écrit toujours Virilio, succèdent les sociétés de contrôle annoncées par Gilles Deleuze. Sous couvert de nursage, par l'utilisation de certaines technologies dédiées à la télésurveillance généralisée, ceux qui tiennent le pouvoir (j'entends par là ceux qui tiennent les clés du pouvoir politique, économique, judiciaire et policier...) courent deux risques : (1) celui de la confiscation de la vie privée des hommes et des femmes ; (2) celui de l'accélération des aspects, disons, discutables de nos sociétés. Pour comprendre ce qui se joue aujourd'hui au cœur de nos sociétés que nous pouvons qualifier de panoptiques et de cybernétiques — car elles permettent, au sens littéral du terme, grâce aux technologies, de voir sans être vu —, l'élément clé est l'aspect de fermeture. La société dans laquelle nous vivons, et cela est renforcé notamment par l'usage détourné des derniers développements des technologies, est une société de fermeture !

Dire que nous vivons dans une société de fermeture, c'est plus précisément, si je prends appui sur les écrits de Freud, dire que l'organisation de notre société se rapprocherait d'une organisation sadique-anale. Autrement dit, que nous allons retrouver au sein de la société les caractéristiques de l'érotisme anal.

En premier lieu, le rapport à l'action. Cette action peut être active : tout semble alors mis en œuvre pour que l'acte commandé aux hommes et aux femmes soit réalisé, y compris par le recours à la force. Cette action peut, dans le même temps, être passive : tout semble alors mis en œuvre pour que l'acte commandé aux hommes et aux femmes soit interdit, y compris par le recours à l'inertie.

En deuxième lieu, le rapport à l'argent. L'argent peut être gardé au centime d'euro près, au risque même, par exemple, de ne plus permettre les dépenses les plus élémentaires en matière de santé publique. Dans le même temps, comme Clara me l'indiquait, citant différents rapports de la Cour des comptes, l'argent, semble-t-il, fait parfois l'objet d'un grand gaspillage — il peut s'agir alors de plusieurs millions d'euros.

En troisième lieu, le rapport à la domination. La machine judiciaire peut ainsi se montrer intraitable, sourde aux droits individuels les plus fondamentaux. Dans certains cas, l'État peut, comme les quotidiens s'en font régulièrement l'écho, être prêt à montrer une grande souplesse pour satisfaire les intérêts particuliers de quelques-uns.

Ces trois rapports — à l'action (ou à son empêchement), à l'argent (à sa rétention ou à son éparpillement), à la domination (ou à son impuissance), auxquels il faudrait ajouter le rapport à l'information (comme cette incapacité chronique des entreprises de transport à informer les usagers des problèmes rencontrés) — montrent toujours une ambivalence dont les pôles sont le sadisme et le masochisme. C'est ce sadisme et ce masochisme qui fondent la pathologie de ce que j'ai appelé la société anale.

Tout comme le monde carcéral, la société anale ou société de fermeture, en effet, nous l'avons souligné, est une société panoptique et cybernétique. Grâce au développement des dernières technologies, on peut à tout moment voir, surveiller et même punir les citoyens sans être vu. Il pourrait être intéressant de mettre en œuvre des procédures pour surveiller les agissements de ces mêmes observateurs : en effet, en braquant les feux de la surveillance sur les hommes et les femmes, ils se retrouvent dans l'ombre, propice car, les mettant à l'abri des regards, elle leur permet d'agir en toute impunité et, éventuellement, de répondre de façon positive aux tentations. Une question se pose cependant : pourquoi les hommes et les femmes qui, après tout, composent cette même société de fermeture (à entendre, et pour ce qui suit, pour certains d'entre eux) acceptent-ils les règles de cette même société ? Si nous nous montrons sévères pour ceux et celles dont nous pensons qu'ils et qu'elles détiennent les clés du pouvoir, nous devons nous montrer au moins aussi sévères pour nous-mêmes. C'est que nous nous sommes peut-être, nous aussi, construits sur le même modèle : un modèle qui prône également la fermeture. Ainsi, dans une société de fermeture, c'est ce même modèle qui garantit aux hommes et aux femmes l'aptitude à se conformer aux règles édictées par la société. De même que ceux qui possèdent le pouvoir (pour certains d'entre eux, toujours) vont jouir de leur domination, nous allons, nous, jouir d'être dominés. *A contrario*, et pour la petite histoire, il faut savoir qu'en dehors de la vie sociale et professionnelle, certains de ceux qui possèdent le pouvoir (les mêmes) vont jouir de leur sexualité en opposition à ce qu'ils donnent à voir d'eux-mêmes dans leur vie publique, préférant être dominés plutôt que dominants.

Pour être plus précis, cette dialectique et problématique du sadomasochisme s'exprime de deux façons.

Premièrement, d'une part, dans l'obsession de nos sociétés de fermeture à construire des règles de fonctionnement qui, parce qu'elles permettent de délimiter ce qui est autorisé de ce qui ne l'est pas, permettent de légitimer la surveillance. D'autre part, dans ce qui apparaît, pour ceux qui détiennent le pouvoir, comme une obsession de se détruire et d'organiser leur propre sabotage. Il n'est qu'à voir, par exemple, toute l'ingéniosité que ceux-là mêmes mettent en œuvre, une fois élus ou nommés, afin de tout faire (au moins en apparence) pour échouer, voire même pour préparer au mieux la place à leurs opposants, y compris à l'intérieur de leur propre parti. Ainsi, par exemple, de l'incapacité à accepter le sens et la signification des résultats de certaines élections ; ainsi, toujours, de l'incapacité à entendre la vindicte des manifestants...

Deuxièmement, dans le retournement éprouvé dans la vie privée, lorsque les masques tombent. Ce retournement est en réalité la transposition vécue de ce qui se joue déjà dans la première relation. Les personnes qui détiennent le pouvoir vont jouir du sadisme lié à l'édiction de toute règle mais vont également jouir, par identification masochiste, de ce qu'ils imaginent être de la souffrance (déplaisir-plaisir) des hommes et des femmes. Les hommes et les femmes (là encore, toujours pour certains d'entre eux) vont éprouver, d'une part, du plaisir dans la souffrance qu'ils ressentent à devoir respecter des règles ; d'autre part, un plaisir au moins aussi intense par projection de ce qu'ils imaginent de la jouissance sadique de ceux qui tiennent les rênes. Mais ils jouiront plus particulièrement encore lorsqu'ils organiseront le contournement de ces mêmes règles, par exemple, dès lors, en détournant le lieu de travail à des fins privées et intimes.

Hors cette jouissance, c'est très certainement cette part de plaisir inconscient que peuvent éprouver les hommes et les femmes, au-delà de la souffrance consciente, qui constitue le plus grand danger. En effet, parce que dans la société de fermeture, il apparaît que nombre d'hommes et de femmes ont un intérêt à ce que chacune de leurs relations renforce le caractère de fermeture de la société, à partir de l'impact de ceux qui détiennent le pouvoir — impact qui peut être considéré comme le point de départ — une réaction en chaîne va se mettre en place :

© Groupe Eyrolles

❖ Ceux qui détiennent le pouvoir vont mettre en place des procédures d'intrusion pour mieux contrôler la vie privée des hommes et des femmes.

❖ Ces mêmes hommes et ces mêmes femmes vont répercuter des comportements dont les fondements ont bien à voir avec la fermeture (qu'il s'agisse de cacher, de détourner ou de faire de la rétention d'information).

❖ Pour garder la maîtrise de cette réaction, ceux qui détiennent le pouvoir vont verrouiller plus encore le système en renforçant les procédures de surveillance et de punition.

❖ Pour reprendre pied, les hommes et les femmes vont développer des comportements prompts à s'adapter aux impulsions sadiques et masochistes de la société de fermeture. Ainsi vont-ils, par exemple, s'ils perçoivent une faille chez ceux qui les dirigent, voire si ceux-ci leur tournent sciemment le dos, tenter de paralyser le système et, par là, leur rendre en quelque sorte la monnaie de leur pièce...

Comme l'a constaté Hugo, rien n'aurait donc changé en un demi-siècle, sauf que désormais, avec l'appui des technologies — et tout particulièrement des nouvelles technologies et de la première d'entre elles, Internet —, la société dispose d'outils encore plus puissants pour rendre impuissant.

Le lieu de travail est donc un monde qui se dit ouvert, qui en veut toujours plus, et la société est un monde recroquevillé, fermé, qui comme les trous noirs retient même la lumière. Hommes et femmes se retrouvent ainsi entre la violence de la toute-puissance sur leur lieu de travail et l'anéantissement dans l'impuissance dans laquelle la société tend à les maintenir. Pour faire résistance, c'est-à-dire pour résister à ces deux risques d'anéantissement et retrouver en eux quelque chose de profondément vivant — après tout, la sexualité n'est-elle pas capitale pour « lutter et asseoir durablement, en chacun, la pulsion de vie » ? —, les hommes et les femmes, ne pouvant pleinement s'épanouir, comme nous l'avons vu, avec leur conjoint ou leur conjointe, vont répondre aux tentations et facilités, et se tourner à la fois vers le plus accessible et le plus naturel : le développement de relations intimes et sexuelles sur le lieu de travail.

C'est en cela, en cet entre-deux — parce qu'il permet de reconstruire, entre toute-puissance et impuissance, une zone de véritable puissance, c'est-à-dire une zone du vivant —, que l'on peut dire que le lieu de travail, dès lors qu'il est détourné par des hommes et des femmes pour y développer des relations intimes sinon sexuelles avec des personnes de leur entourage professionnel, se constitue comme un lieu tiers, comme un lieu idéal, à l'abri des contingences, des règles et des nécessités qui régissent la vie professionnelle et la vie privée proprement dite.

Conclusion

« Qui est avec qui ? », ou les risques du métier

Si les hommes et les femmes, parce qu'ils l'ont choisi, peuvent construire des relations intimes sur leur lieu de travail avec des personnes de leur entourage professionnel, ils doivent savoir que leur vie professionnelle ne pourra jamais supporter très longtemps d'être devenue dépendante de ce bout de vie — un bout de vie qui n'est ni vraiment de la vie professionnelle ni vraiment de la vie privée. Le vaudeville est un luxe que la vie professionnelle se refusera toujours à payer !

Je n'avais pas revu Hugo et Clara depuis presque quatre mois. Comme j'aime le faire, je m'étais retiré pour écrire dans ce petit hôtel, rue Casimir-Delavigne, d'où je peux voir le théâtre de l'Odéon de ma chambre. Avant de reprendre mes activités professionnelles, et même si j'avais longuement hésité — je ressentais toujours une part de malaise lorsque je me souvenais du trouble de Clara —, j'avais tenu ma promesse et je leur avais envoyé une copie de mon manuscrit. Sur le petit carton qui accompagnait mon envoi, je précisai une fois encore que ce que j'avais voulu écrire dans ce livre n'avait finalement rien de bien nouveau. Ce que j'y décrivais, nous l'avions tous vu, et même, pour certains d'entre nous, nous y avions sûrement participé. Puisque la sexualité est partout présente, elle l'est aussi sur le lieu de travail. Et après ? Nous ne nous offusquons pas que certaines soirées organisées par les étudiants pour les étudiants puissent être intitulées « Qui chope qui ? » (à savoir « Qui va avoir une relation sexuelle avec qui ? »). De même, dans les entreprises, les industries, les sociétés, les collectivités, les administrations, nous connaissons très bien une question qui y ressemble beaucoup : « Qui est avec qui ? »

Ce qui est peut-être plus nouveau en revanche, c'est la mesure de ce phénomène. Si les chiffres donnés par la loi de Cupidon peuvent sembler importants, les quatre grands principes qui sous-tendent la loi et les explications psychologique et sociologique que je donne dans cet ouvrage auraient, eux, presque tendance à nous faire penser que la vérité se situe encore au-delà.

Dans cette même dynamique qui procède de l'examen de nos résultats, j'ajoutai qu'il conviendrait, pour partie au moins, de les amodier. De même que la loi de Cupidon précise des zones de validité des chiffres donnés ; de même qu'il existe des variables qui doivent être prises en considération, comme le pouvoir formel et informel des hommes et des femmes ; de même qu'il faut tenir compte de la dynamique d'innovation dans laquelle se trouve l'entreprise, l'industrie, la société, la collectivité, l'administration à laquelle appartiennent ces mêmes hommes et ces mêmes femmes, je relevai pour les lister quelques limites à mon travail.

La loi de Cupidon, en effet, gagnerait en validité si l'on pouvait prendre en compte des facteurs comme la localisation géographique des entreprises, sociétés, collectivités et administrations et, à partir de là, organiser une segmentation qui pourrait ressembler à ceci : Paris, grandes villes, province... La différence existe. Si je n'ai pas pu encore la mesurer précisément, je peux dire qu'une tendance se dessine. Il semblerait, et contrairement à ce que l'on pourrait penser, que l'on développe davantage de relations intimes et sexuelles sur le lieu de travail dans les villes de province. Non que l'on développe moins de relations intimes ou sexuelles à Paris — les occurrences de rencontres étant plus nombreuses, on tromperait même davantage —, mais cela ne se ferait pas nécessairement, dans les mêmes proportions du moins, dans l'environnement professionnel.

Pour mesurer ce facteur et d'autres encore, pour recueillir de nouveaux témoignages et, ainsi, faire progresser encore notre connaissance sur les relations intimes, sinon sexuelles, qui se nouent sur le lieu de travail, je fis part à Hugo et à Clara de la création d'un blog pour lequel mon ambition est qu'il devienne à terme un observatoire des relations à connotations privées sur le lieu de travail :

http://laloidecupidon.over-blog.com

Enfin, j'achevai mon petit mot d'accompagnement en leur promettant de venir les voir au plus tôt, les exhortant à prendre bien soin d'eux.

Comme cela arrive parfois, je n'avais pas pris garde au verso de mon carton. Sur celui-ci, une note que j'avais prise un jour avec l'idée de la porter en conclusion de mon ouvrage. Elle ne se voulait pas adressée à Hugo et à Clara, même s'ils en furent les malheureux destinataires.

Cette note, qui pourrait être adressée à vous qui me lisez aujourd'hui, disait ceci :

> « Naturellement, à la condition que vous vous montriez discret dans vos observations, je vous convie à faire ce petit exercice adapté à la réalité de votre environnement professionnel, et à vérifier par vous-mêmes les résultats obtenus par la loi de Cupidon. Comme je l'observe tous les jours depuis, et comme vous l'observerez tout autant de votre côté, ce livre une fois refermé, au-delà de vos résistances peut-être à accepter une telle réalité, je fais le pari qu'ayant vérifié par vous-même la conformité des résultats de la loi de Cupidon, vous vous écrierez — comme Galilée au soir du 22 juin 1633, lorsque, placé sous le joug du bras judiciaire de l'Inquisition, il fut contraint d'abjurer ce dont pourtant il avait validé la véracité — : *"Et pourtant elle tourne !"* N'oubliez pas enfin qu'il vous faudra refaire vos calculs chaque nouvelle année. Si vous vouliez d'ailleurs être tout à fait précis, il faudrait même les refaire chaque jour. De là à demander des heures supplémentaires pour vous affranchir de ce travail de comptabilité non prévu initialement dans votre fonction... Je ne vous y engage pas, ne serait-ce que pour vous éviter, en multipliant les heures, d'augmenter le nombre, désormais connu, de relations intimes sinon sexuelles sur le lieu de travail. »

« *Comme quoi* — ce que m'a écrit Clara sur un paquet de cigarettes qu'elle feignit de me remettre lorsque je les revis quelques semaines plus tard, me montrant par là que si la signification de mon acte manqué ne lui avait pas échappé, elle m'était finalement reconnaissante de l'acceptation implicite que je manifestai ainsi à partager avec elle son lourd secret —, *tout, peut-être, n'est pas à jeter dans les 35 heures (cœurs !)…* »

Table générale
de la loi de Cupidon

Effectifs dans l'entreprise, l'industrie, la collectivité ou l'administration	Ancienneté moyenne (par année)	Nombre moyen de relations sexuelles entre deux partenaires toujours différents (qui appartiennent au même entourage professionnel) [points bas]	Nombre moyen par personne de partenaires sexuels (qui appartiennent au même entourage professionnel)	Nombre moyen par personne de partenaires avec qui se nouent des relations intimes (partenaires qui appartiennent au même entourage professionnel)
	1	0,71	0,14	0,43
	2	1,43	0,29	0,86
	3	2,14	0,43	1,29
	4	2,85	0,57	1,71
	5	3,57	0,71	2,14
	6	4,28	0,86	2,57
	7	5,00	1,00	3,00
	8	5,71	1,14	3,43
	9	6,43	1,29	3,86
10	10	7,14	1,43	4,29
	11	7,85	1,57	4,71
	12	8,57	1,71	5,14
	13	9,28	1,86	5,57
	14	10,00	2,00	6,00
	15	10,71	2,14	6,43

Effectifs dans l'entreprise, l'industrie, la collectivité ou l'administration	Ancienneté moyenne (par année)	Nombre moyen de relations sexuelles entre deux partenaires toujours différents (qui appartiennent au même entourage professionnel) [points bas]	Nombre moyen par personne de partenaires sexuels (qui appartiennent au même entourage professionnel)	Nombre moyen par personne de partenaires avec qui se nouent des relations intimes (partenaires qui appartiennent au même entourage professionnel)
	16	11,43	2,29	6,86
	17	12,14	2,43	7,29
	18	12,85	2,57	7,71
	19	13,57	2,71	8,14
	20	14,28	2,86	8,57
	1	1,43	0,14	0,43
	2	2,85	0,29	0,86
	3	4,28	0,43	1,29
	4	5,71	0,57	1,71
	5	7,14	0,71	2,14
	6	8,57	0,86	2,57
	7	10,00	1,00	3,00
	8	11,43	1,14	3,43
	9	12,85	1,29	3,86
	10	14,28	1,43	4,29
20	11	15,71	1,57	4,71
	12	17,14	1,71	5,14
	13	18,57	1,86	5,57
	14	20,00	2,00	6,00
	15	21,43	2,14	6,43
	16	22,85	2,29	6,86
	17	24,28	2,43	7,29
	18	25,71	2,57	7,71
	19	27,14	2,71	8,14
	20	28,57	2,86	8,57
	1	2,14	0,14	0,43
	2	4,28	0,29	0,86

Effectifs dans l'entreprise, l'industrie, la collectivité ou l'administration	Ancienneté moyenne (par année)	Nombre moyen de relations sexuelles entre deux partenaires toujours différents (qui appartiennent au même entourage professionnel) [points bas]	Nombre moyen par personne de partenaires sexuels (qui appartiennent au même entourage professionnel)	Nombre moyen par personne de partenaires avec qui se nouent des relations intimes (partenaires qui appartiennent au même entourage professionnel)
	3	6,43	0,43	1,29
	4	8,57	0,57	1,71
	5	10,71	0,71	2,14
	6	12,85	0,86	2,57
	7	15,00	1,00	3,00
	8	17,14	1,14	3,43
	9	19,28	1,29	3,86
	10	21,43	1,43	4,29
30	11	23,57	1,57	4,71
	12	25,71	1,71	5,14
	13	27,85	1,86	5,57
	14	30,00	2,00	6,00
	15	32,14	2,14	6,43
	16	34,28	2,29	6,86
	17	36,43	2,43	7,29
	18	38,57	2,57	7,71
	19	40,71	2,71	8,14
	20	42,85	2,86	8,57
	1	2,85	0,14	0,43
	2	5,71	0,29	0,86
	3	8,57	0,43	1,29
	4	11,43	0,57	1,71
	5	14,28	0,71	2,14
	6	17,14	0,86	2,57
	7	20,00	1,00	3,00
	8	22,85	1,14	3,43
	9	25,71	1,29	3,86

Effectifs dans l'entreprise, l'industrie, la collectivité ou l'administration	Ancienneté moyenne (par année)	Nombre moyen de relations sexuelles entre deux partenaires toujours différents (qui appartiennent au même entourage professionnel) [points bas]	Nombre moyen par personne de partenaires sexuels (qui appartiennent au même entourage professionnel)	Nombre moyen par personne de partenaires avec qui se nouent des relations intimes (partenaires qui appartiennent au même entourage professionnel)
40	10	28,57	1,43	4,29
	11	31,43	1,57	4,71
	12	34,28	1,71	5,14
	13	37,14	1,86	5,57
	14	40,00	2,00	6,00
	15	42,85	2,14	6,43
	16	45,71	2,29	6,86
	17	48,57	2,43	7,29
	18	51,43	2,57	7,71
	19	54,28	2,71	8,14
	20	57,14	2,86	8,57
50	1	3,57	0,14	0,43
	2	7,14	0,29	0,86
	3	10,71	0,43	1,29
	4	14,28	0,57	1,71
	5	17,85	0,71	2,14
	6	21,43	0,86	2,57
	7	25,00	1,00	3,00
	8	28,57	1,14	3,43
	9	32,14	1,29	3,86
	10	35,71	1,43	4,29
	11	39,28	1,57	4,71
	12	42,85	1,71	5,14
	13	46,43	1,86	5,57
	14	50,00	2,00	6,00
	15	53,57	2,14	6,43
	16	57,14	2,29	6,86

Effectifs dans l'entreprise, l'industrie, la collectivité ou l'administration	Ancienneté moyenne (par année)	Nombre moyen de relations sexuelles entre deux partenaires toujours différents (qui appartiennent au même entourage professionnel) [points bas]	Nombre moyen par personne de partenaires sexuels (qui appartiennent au même entourage professionnel)	Nombre moyen par personne de partenaires avec qui se nouent des relations intimes (partenaires qui appartiennent au même entourage professionnel)
	17	60,71	2,43	7,29
	18	64,28	2,57	7,71
	19	67,85	2,71	8,14
	20	71,43	2,86	8,57
	1	4,28	0,14	0,43
	2	8,57	0,29	0,86
	3	12,85	0,43	1,29
	4	17,14	0,57	1,71
	5	21,43	0,71	2,14
	6	25,71	0,86	2,57
	7	30,00	1,00	3,00
	8	34,28	1,14	3,43
	9	38,57	1,29	3,86
60	10	42,85	1,43	4,29
	11	47,14	1,57	4,71
	12	51,43	1,71	5,14
	13	55,71	1,86	5,57
	14	60,00	2,00	6,00
	15	64,28	2,14	6,43
	16	68,57	2,29	6,86
	17	72,85	2,43	7,29
	18	77,14	2,57	7,71
	19	81,43	2,71	8,14
	20	85,71	2,86	8,57
	1	5,00	0,14	0,43
	2	10,00	0,29	0,86
	3	15,00	0,43	1,29

Effectifs dans l'entreprise, l'industrie, la collectivité ou l'adminis-tration	Ancienneté moyenne (par année)	Nombre moyen de relations sexuelles entre deux partenaires toujours différents (qui appar-tiennent au même entourage professionnel) [points bas]	Nombre moyen par personne de partenaires sexuels (qui appartiennent au même entourage professionnel)	Nombre moyen par personne de partenaires avec qui se nouent des relations intimes (partenaires qui appartiennent au même entourage professionnel)
	4	20,00	0,57	1,71
	5	25,00	0,71	2,14
	6	30,00	0,86	2,57
	7	35,00	1,00	3,00
	8	40,00	1,14	3,43
	9	45,00	1,29	3,86
70	10	50,00	1,43	4,29
	11	55,00	1,57	4,71
	12	60,00	1,71	5,14
	13	65,00	1,86	5,57
	14	70,00	2,00	6,00
	15	75,00	2,14	6,43
	16	80,00	2,29	6,86
	17	85,00	2,43	7,29
	18	90,00	2,57	7,71
	19	95,00	2,71	8,14
	20	100,00	2,86	8,57
	1	5,71	0,14	0,43
	2	11,43	0,29	0,86
	3	17,14	0,43	1,29
	4	22,85	0,57	1,71
	5	28,57	0,71	2,14
	6	34,28	0,86	2,57
	7	40,00	1,00	3,00
	8	45,71	1,14	3,43
	9	51,43	1,29	3,86
80	10	57,14	1,43	4,29

Effectifs dans l'entreprise, l'industrie, la collectivité ou l'administration	Ancienneté moyenne (par année)	Nombre moyen de relations sexuelles entre deux partenaires toujours différents (qui appartiennent au même entourage professionnel) [points bas]	Nombre moyen par personne de partenaires sexuels (qui appartiennent au même entourage professionnel)	Nombre moyen par personne de partenaires avec qui se nouent des relations intimes (partenaires qui appartiennent au même entourage professionnel)
	11	62,85	1,57	4,71
	12	68,57	1,71	5,14
	13	74,28	1,86	5,57
	14	80,00	2,00	6,00
	15	85,71	2,14	6,43
	16	91,43	2,29	6,86
	17	97,14	2,43	7,29
	18	102,85	2,57	7,71
	19	108,57	2,71	8,14
	20	114,28	2,86	8,57
	1	6,43	0,14	0,43
	2	12,85	0,29	0,86
	3	19,28	0,43	1,29
	4	25,71	0,57	1,71
	5	32,14	0,71	2,14
	6	38,57	0,86	2,57
	7	45,00	1,00	3,00
	8	51,43	1,14	3,43
	9	57,85	1,29	3,86
90	10	64,28	1,43	4,29
	11	70,71	1,57	4,71
	12	77,14	1,71	5,14
	13	83,57	1,86	5,57
	14	90,00	2,00	6,00
	15	96,43	2,14	6,43
	16	102,85	2,29	6,86
	17	109,28	2,43	7,29

Effectifs dans l'entreprise, l'industrie, la collectivité ou l'administration	Ancienneté moyenne (par année)	Nombre moyen de relations sexuelles entre deux partenaires toujours différents (qui appartiennent au même entourage professionnel) [points bas]	Nombre moyen par personne de partenaires sexuels (qui appartiennent au même entourage professionnel)	Nombre moyen par personne de partenaires avec qui se nouent des relations intimes (partenaires qui appartiennent au même entourage professionnel)
	18	115,71	2,57	7,71
	19	122,14	2,71	8,14
	20	128,57	2,86	8,57
	1	7,14	0,14	0,43
	2	14,28	0,29	0,86
	3	21,43	0,43	1,29
	4	28,57	0,57	1,71
	5	35,71	0,71	2,14
	6	42,85	0,86	2,57
	7	50,00	1,00	3,00
	8	57,14	1,14	3,43
	9	64,28	1,29	3,86
100	10	71,43	1,43	4,29
	11	78,57	1,57	4,71
	12	85,71	1,71	5,14
	13	92,85	1,86	5,57
	14	100,00	2,00	6,00
	15	107,14	2,14	6,43
	16	114,28	2,29	6,86
	17	121,43	2,43	7,29
	18	128,57	2,57	7,71
	19	135,71	2,71	8,14
	20	142,85	2,86	8,57
	1	10,71	0,14	0,43
	2	21,43	0,29	0,86
	3	32,14	0,43	1,29
	4	42,85	0,57	1,71

Effectifs dans l'entreprise, l'industrie, la collectivité ou l'administration	Ancienneté moyenne (par année)	Nombre moyen de relations sexuelles entre deux partenaires toujours différents (qui appartiennent au même entourage professionnel) [points bas]	Nombre moyen par personne de partenaires sexuels (qui appartiennent au même entourage professionnel)	Nombre moyen par personne de partenaires avec qui se nouent des relations intimes (partenaires qui appartiennent au même entourage professionnel)
	5	53,57	0,71	2,14
	6	64,28	0,86	2,57
	7	75,00	1,00	3,00
	8	85,71	1,14	3,43
	9	96,43	1,29	3,86
150	10	107,14	1,43	4,29
	11	117,85	1,57	4,71
	12	128,57	1,71	5,14
	13	139,28	1,86	5,57
	14	150,00	2,00	6,00
	15	160,71	2,14	6,43
	16	171,43	2,29	6,86
	17	182,14	2,43	7,29
	18	192,85	2,57	7,71
	19	203,57	2,71	8,14
	20	214,28	2,86	8,57
	1	14,28	0,14	0,43
	2	28,57	0,29	0,86
	3	42,85	0,43	1,29
	4	57,14	0,57	1,71
	5	71,43	0,71	2,14
	6	85,71	0,86	2,57
	7	100,00	1,00	3,00
	8	114,28	1,14	3,43
	9	128,57	1,29	3,86
200	10	142,85	1,43	4,29
	11	157,14	1,57	4,71

Effectifs dans l'entreprise, l'industrie, la collectivité ou l'administration	Ancienneté moyenne (par année)	Nombre moyen de relations sexuelles entre deux partenaires toujours différents (qui appartiennent au même entourage professionnel) [points bas]	Nombre moyen par personne de partenaires sexuels (qui appartiennent au même entourage professionnel)	Nombre moyen par personne de partenaires avec qui se nouent des relations intimes (partenaires qui appartiennent au même entourage professionnel)
	12	171,43	1,71	5,14
	13	185,71	1,86	5,57
	14	200,00	2,00	6,00
	15	214,28	2,14	6,43
	16	228,57	2,29	6,86
	17	242,85	2,43	7,29
	18	257,14	2,57	7,71
	19	271,43	2,71	8,14
	20	285,71	2,86	8,57
	1	17,85	0,14	0,43
	2	35,71	0,29	0,86
	3	53,57	0,43	1,29
	4	71,43	0,57	1,71
	5	89,28	0,71	2,14
	6	107,14	0,86	2,57
	7	125,00	1,00	3,00
	8	142,85	1,14	3,43
	9	160,71	1,29	3,86
250	10	178,57	1,43	4,29
	11	196,43	1,57	4,71
	12	214,28	1,71	5,14
	13	232,14	1,86	5,57
	14	250,00	2,00	6,00
	15	267,85	2,14	6,43
	16	285,71	2,29	6,86
	17	303,57	2,43	7,29
	18	321,43	2,57	7,71

Effectifs dans l'entreprise, l'industrie, la collectivité ou l'administration	Ancienneté moyenne (par année)	Nombre moyen de relations sexuelles entre deux partenaires toujours différents (qui appartiennent au même entourage professionnel) [points bas]	Nombre moyen par personne de partenaires sexuels (qui appartiennent au même entourage professionnel)	Nombre moyen par personne de partenaires avec qui se nouent des relations intimes (partenaires qui appartiennent au même entourage professionnel)
	19	339,28	2,71	8,14
	20	357,14	2,86	8,57
	1	21,43	0,14	0,43
	2	42,85	0,29	0,86
	3	64,28	0,43	1,29
	4	85,71	0,57	1,71
	5	107,14	0,71	2,14
	6	128,57	0,86	2,57
	7	150,00	1,00	3,00
	8	171,43	1,14	3,43
	9	192,85	1,29	3,86
300	10	214,28	1,43	4,29
	11	235,71	1,57	4,71
	12	257,14	1,71	5,14
	13	278,57	1,86	5,57
	14	300,00	2,00	6,00
	15	321,43	2,14	6,43
	16	342,85	2,29	6,86
	17	364,28	2,43	7,29
	18	385,71	2,57	7,71
	19	407,14	2,71	8,14
	20	428,57	2,86	8,57
	1	25,00	0,14	0,43
	2	50,00	0,29	0,86
	3	75,00	0,43	1,29
	4	100,00	0,57	1,71
	5	125,00	0,71	2,14

Effectifs dans l'entreprise, l'industrie, la collectivité ou l'administration	Ancienneté moyenne (par année)	Nombre moyen de relations sexuelles entre deux partenaires toujours différents (qui appartiennent au même entourage professionnel) [points bas]	Nombre moyen par personne de partenaires sexuels (qui appartiennent au même entourage professionnel)	Nombre moyen par personne de partenaires avec qui se nouent des relations intimes (partenaires qui appartiennent au même entourage professionnel)
	6	150,00	0,86	2,57
	7	175,00	1,00	3,00
	8	200,00	1,14	3,43
	9	225,00	1,29	3,86
	10	250,00	1,43	4,29
350	11	275,00	1,57	4,71
	12	300,00	1,71	5,14
	13	325,00	1,86	5,57
	14	350,00	2,00	6,00
	15	375,00	2,14	6,43
	16	400,00	2,29	6,86
	17	425,00	2,43	7,29
	18	450,00	2,57	7,71
	19	475,00	2,71	8,14
	20	500,00	2,86	8,57
	1	28,57	0,14	0,43
	2	57,14	0,29	0,86
	3	85,71	0,43	1,29
	4	114,28	0,57	1,71
	5	142,85	0,71	2,14
	6	171,43	0,86	2,57
	7	200,00	1,00	3,00
	8	228,57	1,14	3,43
	9	257,14	1,29	3,86
400	10	285,71	1,43	4,29
	11	314,28	1,57	4,71
	12	342,85	1,71	5,14

Effectifs dans l'entreprise, l'industrie, la collectivité ou l'administration	Ancienneté moyenne (par année)	Nombre moyen de relations sexuelles entre deux partenaires toujours différents (qui appartiennent au même entourage professionnel) [points bas]	Nombre moyen par personne de partenaires sexuels (qui appartiennent au même entourage professionnel)	Nombre moyen par personne de partenaires avec qui se nouent des relations intimes (partenaires qui appartiennent au même entourage professionnel)
	13	371,43	1,86	5,57
	14	400,00	2,00	6,00
	15	428,57	2,14	6,43
	16	457,14	2,29	6,86
	17	485,71	2,43	7,29
	18	514,28	2,57	7,71
	19	542,85	2,71	8,14
	20	571,43	2,86	8,57
	1	32,14	0,14	0,43
	2	64,28	0,29	0,86
	3	96,43	0,43	1,29
	4	128,57	0,57	1,71
	5	160,71	0,71	2,14
	6	192,85	0,86	2,57
	7	225,00	1,00	3,00
	8	257,14	1,14	3,43
	9	289,28	1,29	3,86
450	10	321,43	1,43	4,29
	11	353,57	1,57	4,71
	12	385,71	1,71	5,14
	13	417,85	1,86	5,57
	14	450,00	2,00	6,00
	15	482,14	2,14	6,43
	16	514,28	2,29	6,86
	17	546,43	2,43	7,29
	18	578,57	2,57	7,71
	19	610,71	2,71	8,14

Effectifs dans l'entreprise, l'industrie, la collectivité ou l'administration	Ancienneté moyenne (par année)	Nombre moyen de relations sexuelles entre deux partenaires toujours différents (qui appartiennent au même entourage professionnel) [points bas]	Nombre moyen par personne de partenaires sexuels (qui appartiennent au même entourage professionnel)	Nombre moyen par personne de partenaires avec qui se nouent des relations intimes (partenaires qui appartiennent au même entourage professionnel)
	20	642,85	2,86	8,57
	1	35,71	0,14	0,43
	2	71,43	0,29	0,86
	3	107,14	0,43	1,29
	4	142,85	0,57	1,71
	5	178,57	0,71	2,14
	6	214,28	0,86	2,57
	7	250,00	1,00	3,00
	8	285,71	1,14	3,43
	9	321,43	1,29	3,86
500	10	357,14	1,43	4,29
	11	392,85	1,57	4,71
	12	428,57	1,71	5,14
	13	464,28	1,86	5,57
	14	500,00	2,00	6,00
	15	535,71	2,14	6,43
	16	571,43	2,29	6,86
	17	607,14	2,43	7,29
	18	642,85	2,57	7,71
	19	678,57	2,71	8,14
	20	714,28	2,86	8,57
	1	42,85	0,14	0,43
	2	85,71	0,29	0,86
	3	128,57	0,43	1,29
	4	171,43	0,57	1,71
	5	214,28	0,71	2,14
	6	257,14	0,86	2,57

Effectifs dans l'entreprise, l'industrie, la collectivité ou l'administration	Ancienneté moyenne (par année)	Nombre moyen de relations sexuelles entre deux partenaires toujours différents (qui appartiennent au même entourage professionnel) [points bas]	Nombre moyen par personne de partenaires sexuels (qui appartiennent au même entourage professionnel)	Nombre moyen par personne de partenaires avec qui se nouent des relations intimes (partenaires qui appartiennent au même entourage professionnel)
	7	300,00	1,00	3,00
	8	342,85	1,14	3,43
	9	385,71	1,29	3,86
	10	428,57	1,43	4,29
600	11	471,43	1,57	4,71
	12	514,28	1,71	5,14
	13	557,14	1,86	5,57
	14	600,00	2,00	6,00
	15	642,85	2,14	6,43
	16	685,71	2,29	6,86
	17	728,57	2,43	7,29
	18	771,43	2,57	7,71
	19	814,28	2,71	8,14
	20	857,14	2,86	8,57
	1	50,00	0,14	0,43
	2	100,00	0,29	0,86
	3	150,00	0,43	1,29
	4	200,00	0,57	1,71
	5	250,00	0,71	2,14
	6	300,00	0,86	2,57
	7	350,00	1,00	3,00
	8	400,00	1,14	3,43
	9	450,00	1,29	3,86
	10	500,00	1,43	4,29
	11	550,00	1,57	4,71
	12	600,00	1,71	5,14
	13	650,00	1,86	5,57

Effectifs dans l'entreprise, l'industrie, la collectivité ou l'administration	Ancienneté moyenne (par année)	Nombre moyen de relations sexuelles entre deux partenaires toujours différents (qui appartiennent au même entourage professionnel) [points bas]	Nombre moyen par personne de partenaires sexuels (qui appartiennent au même entourage professionnel)	Nombre moyen par personne de partenaires avec qui se nouent des relations intimes (partenaires qui appartiennent au même entourage professionnel)
	14	700,00	2,00	6,00
	15	750,00	2,14	6,43
	16	800,00	2,29	6,86
	17	850,00	2,43	7,29
	18	900,00	2,57	7,71
	19	950,00	2,71	8,14
	20	1000,00	2,86	8,57
	1	57,14	0,14	0,43
	2	114,28	0,29	0,86
	3	171,43	0,43	1,29
	4	228,57	0,57	1,71
	5	285,71	0,71	2,14
	6	342,85	0,86	2,57
	7	400,00	1,00	3,00
	8	457,14	1,14	3,43
	9	514,28	1,29	3,86
800	10	571,43	1,43	4,29
	11	628,57	1,57	4,71
	12	685,71	1,71	5,14
	13	742,85	1,86	5,57
	14	800,00	2,00	6,00
	15	857,14	2,14	6,43
	16	914,28	2,29	6,86
	17	971,43	2,43	7,29
	18	1028,57	2,57	7,71
	19	1085,71	2,71	8,14
	20	1142,85	2,86	8,57

Effectifs dans l'entreprise, l'industrie, la collectivité ou l'administration	Ancienneté moyenne (par année)	Nombre moyen de relations sexuelles entre deux partenaires toujours différents (qui appartiennent au même entourage professionnel) [points bas]	Nombre moyen par personne de partenaires sexuels (qui appartiennent au même entourage professionnel)	Nombre moyen par personne de partenaires avec qui se nouent des relations intimes (partenaires qui appartiennent au même entourage professionnel)
	1	64,28	0,14	0,43
	2	128,57	0,29	0,86
	3	192,85	0,43	1,29
	4	257,14	0,57	1,71
	5	321,43	0,71	2,14
	6	385,71	0,86	2,57
	7	450,00	1,00	3,00
	8	514,28	1,14	3,43
	9	578,57	1,29	3,86
	10	642,85	1,43	4,29
900	11	707,14	1,57	4,71
	12	771,43	1,71	5,14
	13	835,71	1,86	5,57
	14	900,00	2,00	6,00
	15	964,28	2,14	6,43
	16	1028,57	2,29	6,86
	17	1092,85	2,43	7,29
	18	1157,14	2,57	7,71
	19	1221,43	2,71	8,14
	20	1285,71	2,86	8,57
	1	71,43	0,14	0,43
	2	142,85	0,29	0,86
	3	214,28	0,43	1,29
	4	285,71	0,57	1,71
	5	357,14	0,71	2,14
	6	428,57	0,86	2,57
	7	500,00	1,00	3,00

Effectifs dans l'entreprise, l'industrie, la collectivité ou l'adminis-tration	Ancienneté moyenne (par année)	Nombre moyen de relations sexuelles entre deux partenaires toujours différents (qui appartiennent au même entourage professionnel) [points bas]	Nombre moyen par personne de partenaires sexuels (qui appartiennent au même entourage professionnel)	Nombre moyen par personne de partenaires avec qui se nouent des relations intimes (partenaires qui appartiennent au même entourage professionnel)
1 000	8	571,43	1,14	3,43
	9	642,85	1,29	3,86
	10	714,28	1,43	4,29
	11	785,71	1,57	4,71
	12	857,14	1,71	5,14
	13	928,57	1,86	5,57
	14	1000,00	2,00	6,00
	15	1071,43	2,14	6,43
	16	1142,85	2,29	6,86
	17	1214,28	2,43	7,29
	18	1285,71	2,57	7,71
	19	1357,14	2,71	8,14
	20	1428,57	2,86	8,57
1 500	1	107,14	0,14	0,43
	2	214,28	0,29	0,86
	3	321,43	0,43	1,29
	4	428,57	0,57	1,71
	5	535,71	0,71	2,14
	6	642,85	0,86	2,57
	7	750,00	1,00	3,00
	8	857,14	1,14	3,43
	9	964,28	1,29	3,86
	10	1071,43	1,43	4,29
	11	1178,57	1,57	4,71
	12	1285,71	1,71	5,14
	13	1392,85	1,86	5,57
	14	1500,00	2,00	6,00

Effectifs dans l'entreprise, l'industrie, la collectivité ou l'administration	Ancienneté moyenne (par année)	Nombre moyen de relations sexuelles entre deux partenaires toujours différents (qui appartiennent au même entourage professionnel) [points bas]	Nombre moyen par personne de partenaires sexuels (qui appartiennent au même entourage professionnel)	Nombre moyen par personne de partenaires avec qui se nouent des relations intimes (partenaires qui appartiennent au même entourage professionnel)
	15	1607,14	2,14	6,43
	16	1714,28	2,29	6,86
	17	1821,43	2,43	7,29
	18	1928,57	2,57	7,71
	19	2035,71	2,71	8,14
	20	2142,85	2,86	8,57
	1	142,85	0,14	0,43
	2	285,71	0,29	0,86
	3	428,57	0,43	1,29
	4	571,43	0,57	1,71
	5	714,28	0,71	2,14
	6	857,14	0,86	2,57
	7	1000,00	1,00	3,00
	8	1142,85	1,14	3,43
	9	1285,71	1,29	3,86
2 000	10	1428,57	1,43	4,29
	11	1571,43	1,57	4,71
	12	1714,28	1,71	5,14
	13	1857,14	1,86	5,57
	14	2000,00	2,00	6,00
	15	2142,85	2,14	6,43
	16	2285,71	2,29	6,86
	17	2428,57	2,43	7,29
	18	2571,43	2,57	7,71
	19	2714,28	2,71	8,14
	20	2857,14	2,86	8,57
	1	178,57	0,14	0,43

Effectifs dans l'entreprise, l'industrie, la collectivité ou l'administration	Ancienneté moyenne (par année)	Nombre moyen de relations sexuelles entre deux partenaires toujours différents (qui appartiennent au même entourage professionnel) [points bas]	Nombre moyen par personne de partenaires sexuels (qui appartiennent au même entourage professionnel)	Nombre moyen par personne de partenaires avec qui se nouent des relations intimes (partenaires qui appartiennent au même entourage professionnel)
2 500	2	357,14	0,29	0,86
	3	535,71	0,43	1,29
	4	714,28	0,57	1,71
	5	892,85	0,71	2,14
	6	1071,43	0,86	2,57
	7	1250,00	1,00	3,00
	8	1428,57	1,14	3,43
	9	1607,14	1,29	3,86
	10	1785,71	1,43	4,29
	11	1964,28	1,57	4,71
	12	2142,85	1,71	5,14
	13	2321,43	1,86	5,57
	14	2500,00	2,00	6,00
	15	2678,57	2,14	6,43
	16	2857,14	2,29	6,86
	17	3035,71	2,43	7,29
	18	3214,28	2,57	7,71
	19	3392,85	2,71	8,14
	20	3571,43	2,86	8,57
	1	214,28	0,14	0,43
	2	428,57	0,29	0,86
	3	642,85	0,43	1,29
	4	857,14	0,57	1,71
	5	1071,43	0,71	2,14
	6	1285,71	0,86	2,57
	7	1500,00	1,00	3,00
	8	1714,28	1,14	3,43

Effectifs dans l'entreprise, l'industrie, la collectivité ou l'administration	Ancienneté moyenne (par année)	Nombre moyen de relations sexuelles entre deux partenaires toujours différents (qui appartiennent au même entourage professionnel) [points bas]	Nombre moyen par personne de partenaires sexuels (qui appartiennent au même entourage professionnel)	Nombre moyen par personne de partenaires avec qui se nouent des relations intimes (partenaires qui appartiennent au même entourage professionnel)
3 000	9	1928,57	1,29	3,86
	10	2142,85	1,43	4,29
	11	2357,14	1,57	4,71
	12	2571,43	1,71	5,14
	13	2785,71	1,86	5,57
	14	3000,00	2,00	6,00
	15	3214,28	2,14	6,43
	16	3428,57	2,29	6,86
	17	3642,85	2,43	7,29
	18	3857,14	2,57	7,71
	19	4071,43	2,71	8,14
	20	4285,71	2,86	8,57
3 500	1	250,00	0,14	0,43
	2	500,00	0,29	0,86
	3	750,00	0,43	1,29
	4	1000,00	0,57	1,71
	5	1250,00	0,71	2,14
	6	1500,00	0,86	2,57
	7	1750,00	1,00	3,00
	8	2000,00	1,14	3,43
	9	2250,00	1,29	3,86
	10	2500,00	1,43	4,29
	11	2750,00	1,57	4,71
	12	3000,00	1,71	5,14
	13	3250,00	1,86	5,57
	14	3500,00	2,00	6,00
	15	3750,00	2,14	6,43

Effectifs dans l'entreprise, l'industrie, la collectivité ou l'adminis-tration	Ancienneté moyenne (par année)	Nombre moyen de relations sexuelles entre deux partenaires toujours différents (qui appar-tiennent au même entourage professionnel) [points bas]	Nombre moyen par personne de partenaires sexuels (qui appartiennent au même entourage professionnel)	Nombre moyen par personne de partenaires avec qui se nouent des relations intimes (partenaires qui appartiennent au même entourage professionnel)
	16	4000,00	2,29	6,86
	17	4250,00	2,43	7,29
	18	4500,00	2,57	7,71
	19	4750,00	2,71	8,14
	20	5000,00	2,86	8,57
	1	285,71	0,14	0,43
	2	571,43	0,29	0,86
	3	857,14	0,43	1,29
	4	1142,85	0,57	1,71
	5	1428,57	0,71	2,14
	6	1714,28	0,86	2,57
	7	2000,00	1,00	3,00
	8	2285,71	1,14	3,43
	9	2571,43	1,29	3,86
4 000	10	2857,14	1,43	4,29
	11	3142,85	1,57	4,71
	12	3428,57	1,71	5,14
	13	3714,28	1,86	5,57
	14	4000,00	2,00	6,00
	15	4285,71	2,14	6,43
	16	4571,43	2,29	6,86
	17	4857,14	2,43	7,29
	18	5142,85	2,57	7,71
	19	5428,57	2,71	8,14
	20	5714,28	2,86	8,57
	1	321,43	0,14	0,43
	2	642,85	0,29	0,86

Effectifs dans l'entreprise, l'industrie, la collectivité ou l'administration	Ancienneté moyenne (par année)	Nombre moyen de relations sexuelles entre deux partenaires toujours différents (qui appartiennent au même entourage professionnel) [points bas]	Nombre moyen par personne de partenaires sexuels (qui appartiennent au même entourage professionnel)	Nombre moyen par personne de partenaires avec qui se nouent des relations intimes (partenaires qui appartiennent au même entourage professionnel)
	3	964,28	0,43	1,29
	4	1285,71	0,57	1,71
	5	1607,14	0,71	2,14
	6	1928,57	0,86	2,57
	7	2250,00	1,00	3,00
	8	2571,43	1,14	3,43
	9	2892,85	1,29	3,86
4 500	10	3214,28	1,43	4,29
	11	3535,71	1,57	4,71
	12	3857,14	1,71	5,14
	13	4178,57	1,86	5,57
	14	4500,00	2,00	6,00
	15	4821,43	2,14	6,43
	16	5142,85	2,29	6,86
	17	5464,28	2,43	7,29
	18	5785,71	2,57	7,71
	19	6107,14	2,71	8,14
	20	6428,57	2,86	8,57
	1	357,14	0,14	0,43
	2	714,28	0,29	0,86
	3	1071,43	0,43	1,29
	4	1428,57	0,57	1,71
	5	1785,71	0,71	2,14
	6	2142,85	0,86	2,57
	7	2500,00	1,00	3,00
	8	2857,14	1,14	3,43
	9	3214,28	1,29	3,86

Effectifs dans l'entreprise, l'industrie, la collectivité ou l'administration	Ancienneté moyenne (par année)	Nombre moyen de relations sexuelles entre deux partenaires toujours différents (qui appartiennent au même entourage professionnel) [points bas]	Nombre moyen par personne de partenaires sexuels (qui appartiennent au même entourage professionnel)	Nombre moyen par personne de partenaires avec qui se nouent des relations intimes (partenaires qui appartiennent au même entourage professionnel)
5 000	10	3571,43	1,43	4,29
	11	3928,57	1,57	4,71
	12	4285,71	1,71	5,14
	13	4642,85	1,86	5,57
	14	5000,00	2,00	6,00
	15	5357,14	2,14	6,43
	16	5714,28	2,29	6,86
	17	6071,43	2,43	7,29
	18	6428,57	2,57	7,71
	19	6785,71	2,71	8,14
	20	7142,85	2,86	8,57
6 000	1	428,57	0,14	0,43
	2	857,14	0,29	0,86
	3	1285,71	0,43	1,29
	4	1714,28	0,57	1,71
	5	2142,85	0,71	2,14
	6	2571,43	0,86	2,57
	7	3000,00	1,00	3,00
	8	3428,57	1,14	3,43
	9	3857,14	1,29	3,86
	10	4285,71	1,43	4,29
	11	4714,28	1,57	4,71
	12	5142,85	1,71	5,14
	13	5571,43	1,86	5,57
	14	6000,00	2,00	6,00
	15	6428,57	2,14	6,43
	16	6857,14	2,29	6,86

Effectifs dans l'entreprise, l'industrie, la collectivité ou l'administration	Ancienneté moyenne (par année)	Nombre moyen de relations sexuelles entre deux partenaires toujours différents (qui appartiennent au même entourage professionnel) [points bas]	Nombre moyen par personne de partenaires sexuels (qui appartiennent au même entourage professionnel)	Nombre moyen par personne de partenaires avec qui se nouent des relations intimes (partenaires qui appartiennent au même entourage professionnel)
	17	7285,71	2,43	7,29
	18	7714,28	2,57	7,71
	19	8142,85	2,71	8,14
	20	8571,43	2,86	8,57
	1	500,00	0,14	0,43
	2	1000,00	0,29	0,86
	3	1500,00	0,43	1,29
	4	2000,00	0,57	1,71
	5	2500,00	0,71	2,14
	6	3000,00	0,86	2,57
	7	3500,00	1,00	3,00
	8	4000,00	1,14	3,43
	9	4500,00	1,29	3,86
	10	5000,00	1,43	4,29
7 000	11	5500,00	1,57	4,71
	12	6000,00	1,71	5,14
	13	6500,00	1,86	5,57
	14	7000,00	2,00	6,00
	15	7500,00	2,14	6,43
	16	8000,00	2,29	6,86
	17	8500,00	2,43	7,29
	18	9000,00	2,57	7,71
	19	9500,00	2,71	8,14
	20	10000,00	2,86	8,57
	1	571,43	0,14	0,43
	2	1142,85	0,29	0,86
	3	1714,28	0,43	1,29

Effectifs dans l'entreprise, l'industrie, la collectivité ou l'administration	Ancienneté moyenne (par année)	Nombre moyen de relations sexuelles entre deux partenaires toujours différents (qui appartiennent au même entourage professionnel) [points bas]	Nombre moyen par personne de partenaires sexuels (qui appartiennent au même entourage professionnel)	Nombre moyen par personne de partenaires avec qui se nouent des relations intimes (partenaires qui appartiennent au même entourage professionnel)
	4	2285,71	0,57	1,71
	5	2857,14	0,71	2,14
	6	3428,57	0,86	2,57
	7	4000,00	1,00	3,00
	8	4571,43	1,14	3,43
	9	5142,85	1,29	3,86
8 000	10	5714,28	1,43	4,29
	11	6285,71	1,57	4,71
	12	6857,14	1,71	5,14
	13	7428,57	1,86	5,57
	14	8000,00	2,00	6,00
	15	8571,43	2,14	6,43
	16	9142,85	2,29	6,86
	17	9714,28	2,43	7,29
	18	10285,71	2,57	7,71
	19	10857,14	2,71	8,14
	20	11428,57	2,86	8,57
	1	642,85	0,14	0,43
	2	1285,71	0,29	0,86
	3	1928,57	0,43	1,29
	4	2571,43	0,57	1,71
	5	3214,28	0,71	2,14
	6	3857,14	0,86	2,57
	7	4500,00	1,00	3,00
	8	5142,85	1,14	3,43
	9	5785,71	1,29	3,86
9 000	10	6428,57	1,43	4,29

Effectifs dans l'entreprise, l'industrie, la collectivité ou l'administration	Ancienneté moyenne (par année)	Nombre moyen de relations sexuelles entre deux partenaires toujours différents (qui appartiennent au même entourage professionnel) [points bas]	Nombre moyen par personne de partenaires sexuels (qui appartiennent au même entourage professionnel)	Nombre moyen par personne de partenaires avec qui se nouent des relations intimes (partenaires qui appartiennent au même entourage professionnel)
	11	7071,43	1,57	4,71
	12	7714,28	1,71	5,14
	13	8357,14	1,86	5,57
	14	9000,00	2,00	6,00
	15	9642,85	2,14	6,43
	16	10285,71	2,29	6,86
	17	10928,57	2,43	7,29
	18	11571,43	2,57	7,71
	19	12214,28	2,71	8,14
	20	12857,14	2,86	8,57
	1	714,28	0,14	0,43
	2	1428,57	0,29	0,86
	3	2142,85	0,43	1,29
	4	2857,14	0,57	1,71
	5	3571,43	0,71	2,14
	6	4285,71	0,86	2,57
	7	5000,00	1,00	3,00
	8	5714,28	1,14	3,43
	9	6428,57	1,29	3,86
10 000	10	7142,85	1,43	4,29
	11	7857,14	1,57	4,71
	12	8571,43	1,71	5,14
	13	9285,71	1,86	5,57
	14	10000,00	2,00	6,00
	15	10714,28	2,14	6,43
	16	11428,57	2,29	6,86
	17	12142,85	2,43	7,29

Effectifs dans l'entreprise, l'industrie, la collectivité ou l'administration	Ancienneté moyenne (par année)	Nombre moyen de relations sexuelles entre deux partenaires toujours différents (qui appartiennent au même entourage professionnel) [points bas]	Nombre moyen par personne de partenaires sexuels (qui appartiennent au même entourage professionnel)	Nombre moyen par personne de partenaires avec qui se nouent des relations intimes (partenaires qui appartiennent au même entourage professionnel)
	18	12857,14	2,57	7,71
	19	13571,43	2,71	8,14
	20	14285,71	2,86	8,57
	1	1428,57	0,14	0,43
	2	2857,14	0,29	0,86
	3	4285,71	0,43	1,29
	4	5714,28	0,57	1,71
	5	7142,85	0,71	2,14
	6	8571,43	0,86	2,57
	7	10000,00	1,00	3,00
	8	11428,57	1,14	3,43
	9	12857,14	1,29	3,86
20 000	10	14285,71	1,43	4,29
	11	15714,28	1,57	4,71
	12	17142,85	1,71	5,14
	13	18571,43	1,86	5,57
	14	20000,00	2,00	6,00
	15	21428,57	2,14	6,43
	16	22857,14	2,29	6,86
	17	24285,71	2,43	7,29
	18	25714,28	2,57	7,71
	19	27142,85	2,71	8,14
	20	28571,43	2,86	8,57
	1	2142,85	0,14	0,43
	2	4285,71	0,29	0,86
	3	6428,57	0,43	1,29
	4	8571,43	0,57	1,71

Effectifs dans l'entreprise, l'industrie, la collectivité ou l'administration	Ancienneté moyenne (par année)	Nombre moyen de relations sexuelles entre deux partenaires toujours différents (qui appartiennent au même entourage professionnel) [points bas]	Nombre moyen par personne de partenaires sexuels (qui appartiennent au même entourage professionnel)	Nombre moyen par personne de partenaires avec qui se nouent des relations intimes (partenaires qui appartiennent au même entourage professionnel)
30 000	5	10714,28	0,71	2,14
	6	12857,14	0,86	2,57
	7	15000,00	1,00	3,00
	8	17142,85	1,14	3,43
	9	19285,71	1,29	3,86
	10	21428,57	1,43	4,29
	11	23571,43	1,57	4,71
	12	25714,28	1,71	5,14
	13	27857,14	1,86	5,57
	14	30000,00	2,00	6,00
	15	32142,85	2,14	6,43
	16	34285,71	2,29	6,86
	17	36428,57	2,43	7,29
	18	38571,43	2,57	7,71
	19	40714,28	2,71	8,14
	20	42857,14	2,86	8,57
40 000	1	2857,14	0,14	0,43
	2	5714,28	0,29	0,86
	3	8571,43	0,43	1,29
	4	11428,57	0,57	1,71
	5	14285,71	0,71	2,14
	6	17142,85	0,86	2,57
	7	20000,00	1,00	3,00
	8	22857,14	1,14	3,43
	9	25714,28	1,29	3,86
	10	28571,43	1,43	4,29
	11	31428,57	1,57	4,71

Effectifs dans l'entreprise, l'industrie, la collectivité ou l'administration	Ancienneté moyenne (par année)	Nombre moyen de relations sexuelles entre deux partenaires toujours différents (qui appartiennent au même entourage professionnel) [points bas]	Nombre moyen par personne de partenaires sexuels (qui appartiennent au même entourage professionnel)	Nombre moyen par personne de partenaires avec qui se nouent des relations intimes (partenaires qui appartiennent au même entourage professionnel)
	12	34285,71	1,71	5,14
	13	37142,85	1,86	5,57
	14	40000,00	2,00	6,00
	15	42857,14	2,14	6,43
	16	45714,28	2,29	6,86
	17	48571,43	2,43	7,29
	18	51428,57	2,57	7,71
	19	54285,71	2,71	8,14
	20	57142,85	2,86	8,57
	1	3571,43	0,14	0,43
	2	7142,85	0,29	0,86
	3	10714,28	0,43	1,29
	4	14285,71	0,57	1,71
	5	17857,14	0,71	2,14
	6	21428,57	0,86	2,57
	7	25000,00	1,00	3,00
	8	28571,43	1,14	3,43
	9	32142,85	1,29	3,86
50 000	10	35714,28	1,43	4,29
	11	39285,71	1,57	4,71
	12	42857,14	1,71	5,14
	13	46428,57	1,86	5,57
	14	50000,00	2,00	6,00
	15	53571,43	2,14	6,43
	16	57142,85	2,29	6,86
	17	60714,28	2,43	7,29
	18	64285,71	2,57	7,71

Effectifs dans l'entreprise, l'industrie, la collectivité ou l'administration	Ancienneté moyenne (par année)	Nombre moyen de relations sexuelles entre deux partenaires toujours différents (qui appartiennent au même entourage professionnel) [points bas]	Nombre moyen par personne de partenaires sexuels (qui appartiennent au même entourage professionnel)	Nombre moyen par personne de partenaires avec qui se nouent des relations intimes (partenaires qui appartiennent au même entourage professionnel)
	19	67857,14	2,71	8,14
	20	71428,57	2,86	8,57
	1	5357,14	0,14	0,43
	2	10714,28	0,29	0,86
	3	16071,43	0,43	1,29
	4	21428,57	0,57	1,71
	5	26785,71	0,71	2,14
	6	32142,85	0,86	2,57
	7	37500,00	1,00	3,00
	8	42857,14	1,14	3,43
	9	48214,28	1,29	3,86
75 000	10	53571,43	1,43	4,29
	11	58928,57	1,57	4,71
	12	64285,71	1,71	5,14
	13	69642,85	1,86	5,57
	14	75000,00	2,00	6,00
	15	80357,14	2,14	6,43
	16	85714,28	2,29	6,86
	17	91071,43	2,43	7,29
	18	96428,57	2,57	7,71
	19	101785,71	2,71	8,14
	20	107142,85	2,86	8,57
	5	35714,28	0,71	2,14
	10	71428,57	1,43	4,29
100 000	15	107142,85	2,14	6,43
	20	142857,14	2,86	8,57
	25	178571,43	3,57	10,71

Effectifs dans l'entreprise, l'industrie, la collectivité ou l'adminis-tration	Ancienneté moyenne (par année)	Nombre moyen de relations sexuelles entre deux partenaires toujours différents (qui appar-tiennent au même entourage professionnel) [points bas]	Nombre moyen par personne de partenaires sexuels (qui appartiennent au même entourage professionnel)	Nombre moyen par personne de partenaires avec qui se nouent des relations intimes (partenaires qui appartiennent au même entourage professionnel)
	5	53571,43	0,71	2,14
	10	107142,85	1,43	4,29
150 000	15	160714,28	2,14	6,43
	20	214285,71	2,86	8,57
	25	267857,14	3,57	10,71
	5	71428,57	0,71	2,14
	10	142857,14	1,43	4,29
200 000	15	214285,71	2,14	6,43
	20	285714,28	2,86	8,57
	25	357142,85	3,57	10,71
	5	89285,71	0,71	2,14
	10	178571,43	1,43	4,29
250 000	15	267857,14	2,14	6,43
	20	357142,85	2,86	8,57
	25	446428,57	3,57	10,71
	5	107142,85	0,71	2,14
	10	214285,71	1,43	4,29
300 000	15	321428,57	2,14	6,43
	20	428571,43	2,86	8,57
	25	535714,28	3,57	10,71
		Zone de validité de la loi la plus forte		

Index

www.ingramcontent.com/pod-product-compliance
Lightning Source LLC
Chambersburg PA
CBHW071849200326
41519CB00016B/4304